ÉTUDE

SUR LES

PERSONNES MORALES.

COLMAR, IMPRIMERIE DE CH.-M. HOFFMANN.

ÉTUDE

SUR LES

PERSONNES MORALES

EN DROIT ROMAIN, DANS L'ANCIEN DROIT ET EN DROIT FRANÇAIS MODERNE

PAR

ARMAND HEISSER,

DOCTEUR EN DROIT, AVOCAT A COLMAR.

PARIS,
A. MARESCQ AÎNÉ, LIBRAIRE-ÉDITEUR
17 RUE SOUFFLOT.

1871.

TABLE DES MATIÈRES.

DROIT ROMAIN.

ANCIEN DROIT.

DROIT FRANÇAIS MODERNE.

DES PERSONNES MORALES.

DROIT ROMAIN.

I. PRÉLIMINAIRES.

Les questions relatives à la personnalité morale des fondations et surtout des associations ont toujours eu chez les Romains une importance sérieuse. Nous en citerons un exemple :

Il y eut un jour à Nicomédie un grand incendie. Faute de secours efficaces, beaucoup de maisons particulières, plusieurs édifices publics, devinrent la proie des flammes. Pline le jeune était alors gouverneur de la province : en bon administrateur, il voulut, non seulement réparer le désastre présent, mais encore prévenir pour l'avenir le retour d'un semblable malheur. Sa munificence gratifia la ville de seaux et de tuyaux ; c'était un matériel : mais il fallait en outre des hommes habiles dans le maniement de ces engins : et pour donner à l'institution des pompiers toute la stabilité désirable, il était à peu près indispensable d'en former un corps, une corporation. L'affaire parut trop grave à Pline pour la prendre sous sa responsabilité, et voici ce qu'il écrivait à l'empereur Trajan : « Seigneur, voyez si vous trouvez bon qu'on établisse un corps de travailleurs, composé seulement de cent cinquante hommes. J'aurais soin de n'y laisser entrer que des ouvriers, et d'empêcher qu'ils n'abusent de leur privilége. Comme ils seront peu nombreux, la surveillance sera facile[1] ».

Trajan refusa son autorisation : « Quelque nom que nous donnions au corps, et quelque cause que nous invoquions pour le permettre, ce deviendrait une association, malgré son peu d'importance[2] ».

Cette décision peut paraître étrange. De quels dangers la création de ce corps de pompiers menace-t-elle l'organisation césarienne?

Il est évident qu'on ne craint point chaque travailleur pris isolément, ni même l'ensemble des cent cinquante ouvriers. Ce qu'on veut éviter, c'est leur association, la fusion des individus en un seul *corps*, qui réunirait en lui toutes les forces isolées.

Pourquoi donc Trajan, si libéral d'ailleurs, repoussait-il cette idée? Les corporations, les colléges, toutes les *personnes morales* offraient-elles des dangers pour l'empire? Avaient-elles jamais été assez nombreuses pour donner lieu à des craintes sérieuses?

Particulièrement au point de vue juridique, quelles étaient les règles de droit qui régissaient tous ces êtres

1. Pline, Epist. X, 42.
2. Id., X, 43.

de raison? Comment la notion de la personne peut-elle s'appliquer à ce qui n'a qu'une personnalité fictive? Quels sont les droits et les devoirs qui incombent à une personne morale? Quels sont ceux dont elle est incapable?

Tels sont les différens problèmes dont l'examen succinct fait l'objet de ce travail.

II. DÉFINITION.

Les personnes morales, ou personnes juridiques, sont des êtres de raison capable de devenir le sujet des obligations et des droits relatifs aux biens, même jusqu'à un certain point, de quelques rapports de famille.

Le caractère auquel on reconnaît une personne morale, c'est la capacité d'être propriétaire, en tant qu'association, de recevoir comme telle, et d'ester en justice; c'est encore la vitalité et l'unité subsistant à travers tous les changements de personnes.

Cette définition se trouvera justifiée par la seconde partie de ce travail, qui énumèrera les droits auxquels participent, et ceux dont sont exclues, objectivement ou subjectivement, les personnes juridiques. Cependant il peut être bon d'en dire dès à présent quelques mots pour expliquer ce que peut avoir d'abstrait la définition que nous proposons.

D'abord, et comme substance, la personne morale n'est pas nécessairement composée d'un certain nombre d'individus. Il en peut exister en dehors des corporations et associations diverses. Ainsi, ce qu'on appelle la *fondation*, l'œuvre pie, est créée de rien au moment de l'acte de fondation. Elle n'en a pas moins la capacité ordinaire des personnes morales. Les hôpitaux, notamment se trouvent dans ce cas. — Mais, en général, la personne juridique est composée d'une réunion, d'une association d'individus. Le nombre peut en être, soit très-restreint, comme dans une société commerciale, soit très-considérable; ainsi lorsqu'on considère l'État comme personne juridique. L'État est l'ensemble des citoyens, des familles régnicoles.

Il faut remarquer, pour éviter toute confusion, que même alors, l'essence de la corporation est purement idéale; que le changement et le remplacement complet de tous les associés ne saurait la modifier en quoi que ce soit.

Il ne saurait être question ici que très-accessoirement de l'organisation et des droits des personnes morales, en tant qu'ils se réfèrent au droit public ou administratif. Nous écartons donc de la définition tout ce qui pourrait se rapporter au rôle que les personnes morales peuvent jouer dans l'État. Et quoique ce rôle soit souvent le but spécial de leur existence, nous n'avons guère à nous occuper de tout ce qui sort des limites du droit privé.

Une personne morale ne saurait avoir de famille: l'homme naturel est seul à même d'avoir un père, des enfants, des parents. Mais « certaines extensions « artificielles de la famille, comme le dit Savigny[1], « ont en réalité pour objet le droit des biens, et

1. Système, tom. II, n° 85.

« peuvent s'étendre aux personnes juridiques comme « le droit des biens lui-même ».

Elles peuvent donc, non seulement avoir des esclaves, mais acquérir par eux et, après leur affranchissement, jouir de tous les droits de patronage. Le colonat, à une époque relativement moderne, peut leur appartenir.

Quant aux droits relatifs aux biens, ils sont tous à la portée de la personne morale, sauf quelques-uns, que son essence même l'empêche d'acquérir.

Elle est en effet un être de raison, c'est-à-dire une conception de l'esprit, qui n'a pas d'existence physique et matérielle : elle ne peut donc produire les manifestations où, d'un côté, il faut qu'un individu agisse réellement et où, de l'autre, la représentation n'est pas admise.

Ainsi la *manumissio vindicta* est fermée, à une certaine époque du moins, aux personnes morales : elles-mêmes ne peuvent comparaître en justice pour cette revendication feinte, et aucun représentant ne peut le faire pour elles[1].

III. TERMINOLOGIE.

Les jurisconsultes romains n'ont pas plus écrit de théorie générale sur notre matière que sur celle de la possession : Les notions que nous donne le droit romain à ce sujet sont éparses dans les divers recueils législatifs. Il n'est donc pas étonnant que le terme

1. 123 pr. D. De reg. jur. 50, 17 ; 3 C. De vind. 7. 1.

propre et technique pour désigner les êtres dont nous nous occupons n'ait pas été rigoureusement défini.

L'expression « *Corpus habere* » se rencontre assez souvent dans les textes. Outre le mot *corpus*, nous avons *collegium*, *universitas*, *sodalitas*. Enfin *persona* est aussi quelquefois employé.

Cette dernière expression se trouve ordinairement ainsi accompagnée : *personæ vice fungi*, remplir le *rôle* d'une personne[1].

On emploie *corpus* et *collegium*, dit la Glose, par opposition à *societas*, lorsque les membres de l'association habitent ensemble. Mais une foule de textes réfutent cette opinion. Les corporations autorisées forment un *corpus :* jamais on n'a soutenu que les boulangers ou les nautes vécussent en communauté.

Mais le mot *collegium* désigne toujours une association quelconque, et non une fondation sans existence matérielle.

Il faut remarquer encore que le terme *collegium* peut s'appliquer à toute association, même non autorisée. C'est ainsi qu'il est question des *illicita collegia*[2].

Le terme *sodalitas* s'applique surtout aux associations amicales. Il est question des *sodales* dans la loi des XII Tables[3].

Mais l'expression la plus large, celle qui, à notre avis, fait le mieux comprendre le sens qu'on y attache,

1. 22 D. De fidej. et Mandat., 46, 1.

2. 4. D. Decoll. et corp. 47, 22.— Dirksen Zwölftafelfragm, p. 625 s., tab. VIII f. 27.

3. Paul Diacre pense que ce mot vient de *una sedere*.

c'est celle de *universitas*. Les jurisconsultes se servent fréquemment de ce terme. Il est employé dans la rubrique d'un titre du Digeste : *Quod cujuscumque universitatis nomine, vel contra eam, agatur*. On le trouve aux Institutes, quoique pris dans un sens assez restreint.

Mais il a aussi une portée plus générale, plus étendue. On appelle *universitas*, tout ensemble, soit de choses, soit de personnes. Ainsi une réunion d'objets matériels, qui forment un tout, est souvent appelée *universitas*. C'est là, pourrait-on dire, le sens *réel* du mot. On voit du reste quelquefois l'expression *universitas rerum*.

Ainsi, une maison, un fonds de commerce avec les marchandises, un troupeau, sont des *universitates*. Le fonds de commerce, reste toujours, sous un point de vue, le même, malgré la disparition intégrale et le remplacement successif de toutes les marchandises qui s'y trouvaient.

Ce ne sont certes pas là des personnes morales; mais nous avons jugé utile d'exposer brièvement plus loin quelques-unes des règles qui régissent la matière.

En ce qui concerne la terminologie française, on se sert ordinairement des mots *personnes civiles, personnes juridiques*, ou *personnes morales*.

Cette dernière expression, Savigny la rejette avec dédain[4], parce qu'elle conduit la pensée aux personnes immorales. C'est cependant l'expression généralement employée en Allemagne, concurremment

4. Système, tom. II. n° 85.

avec celle de personnes mystiques, qui est bien plus étrange.

Le motif de Savigny est assez futile, et insuffisant à nous faire repousser cette expression. Toutes les personnes, quelles qu'elles soient, sont en définitive des personnes *juridiques* ou des personnes *civiles* : toutes, en effet, ont des rapports de droit, et des relations civiles.

Le mot personnes *morales* fait mieux comprendre la fiction qui donne à ces êtres la personnalité : on dit de même l'unanimité morale; un délai moral, etc..

Nous adoptons donc cette expression comme topique, sauf à en employer d'autres quelquefois pour éviter la trop fréquente répétition des mêmes mots.

IV. DIVISIONS.

On peut diviser les personnes morales en plusieurs catégories :

1° Les unes sont créées artificiellement, comme les sociétés commerciales, les autres existent naturellement et presque nécessairement, comme l'Etat et les communes.

2° Souvent l'administration et la constitution des personnes morales sont réglées d'avance dans tous leurs détails. D'autres fois il n'y a point d'administration : rien n'est réglé d'avance. Les auteurs modernes expriment cette différence par les mots : *universitas ordinata*, *inordinata* sur lequels on n'est du reste pas complètement d'accord.

3° Nous avons dit un mot de la fondation, et de ce

qui la sépare des autres personnes morales. Celles-ci se composent ordinairement d'une réunion de personnes; la fondation, au contraire, n'a qu'une existence purement intellectuelle. Elle peut, du reste, être faite dans un but quelconque, soit religieux, soit scientifique, soit purement sensuel, comme l'établissement à perpétuité d'un banquet. En pareil cas, le sujet auquel appartiennent les biens donnés pour subvenir aux frais de l'établissement, n'a qu'une existence purement fictive; c'est la fondation elle-même, car on ne peut en aucune façon considérer les convives comme les maîtres des biens.

4° Certains auteurs font encore une division entre les *universitates* privilégiées, ou celles qui ne le sont pas.

Mais ce ne sont pas en réalité deux espèces de personnes juridiques : aussi nous ne pensons pas que ce soit là une division à adopter.

V. NAISSANCE DES PERSONNES MORALES.

L'existence de la personne civile est purement fictive, artificielle. Aucun être nouveau n'a, en réalité, fait son entrée dans le monde. C'est d'éléments matériels, de prémisses qui ne contiennent pas la conclusion, que sort quelque chose d'immatériel, une vie non préexistante. Il y a là, dans toute la force du terme, une création, quelque chose qui est fait de rien. L'homme imite ainsi, par une fiction, il est vrai, l'œuvre la plus incompréhensible de la puissance divine.

Il ne s'ensuit pas que chaque particulier ou chaque communauté, puissent à volonté créer des personnes morales. Un acte aussi important a besoin d'une sanction supérieure, celle de l'Etat [1].

Une fondation, comme une association, peut avoir des dangers et un but immoral : il est indispensable qu'un pouvoir régulateur exerce sur l'utilité et l'opportunité de leur création un droit souverain d'appréciation.

Et l'Etat romain avait trop bien reconnu la puissance des grandes associations, des corporations, des sociétés secrètes, pour prodiguer l'autorisation officielle: « *Paucis admodum in causis concessa sunt hujusmodi corpora* [2]». « Les circonstances où la personnalité civile a été accordée sont très-peu nombreuses. »

Dans certains cas, le droit romain reconnaît une autorisation tacite. C'est lorsqu'il s'agit de ces *universitates* qui ont jusqu'à un certain point un caractère nécessaire. On ne voit pas qu'il ait fallu une décision expresse du prince, pour donner l'existence civile aux communes par exemple. D'un autre côté les fondations pieuses n'ont pas besoin de l'autorisation gouvernementale, qui est remplacée par la surveillance de l'Église [3].

La condition intrinsèque de l'établissement d'une personne morale, consiste dans le fait de l'association, de la fondation elle-même. Mais l'élément extrinsèque, l'autorisation du souverain n'a pas une moins

1. L. 1 pr. D. Quod cujusc.
2. Eod.
3. 46 C. De episc., 1, 3 (non-glosée).

grande importance, puisque sans elle rien n'est fait : c'est la *confirmatio corporis*.

En ce qui concerne les associations, il faut observer que trois personnes au moins sont nécessaires pour constituer un *collegium* [1].

VI. NOTIONS HISTORIQUES.

1° Communes.

La commune paraît avoir été, à Rome, la première personne morale reconnue et définie. L'idée d'unification de tous les intérêts particuliers des habitants en un seul, l'intérêt général, est une idée simple, et à laquelle tous les peuples ont dû nécessairement arriver assez tôt. Elle se traduit en pratique par la personnalisation civile de la commune. Celle-ci ne peut en effet exister sérieusement, qu'à la condition d'avoir des biens, un budget, le droit de se présenter comme un particulier devant les tribunaux.

Nous disons la *commune*, malgré la distinction infinie de termes et d'idées qui existe, au point de vue historique, dans cette partie du droit romain. Toutes ces différences ne touchent guère à notre sujet ; et par conséquent nous ne dirons que deux mots sur les vicissitudes et l'histoire du régime municipal romain.

Diversité complète dans l'origine, uniformité à peu près entière plus tard ; ainsi se résument les transformations successives du droit municipal. Au commencement, les noms comme les choses diffèrent. Sans parler des peuples étrangers, non encore courbés sous le sceptre de la puissante république, on distingue des

1. 85 D. De v. o.

municipes, des *cités*, des *préfectures*, des *colonies*, des *populi fundi*, des *vici*, des *fora*, des *conciliabula*.

Quelques-unes de ces distinctions ont trait à l'importance relative des localités.

Les autres se rapportent à la fois à l'inégale distribution du droit de cité romaine entre les peuples soumis, et aux lois, soit indigènes, soit romaines, qui les gouvernent.

Ainsi le *populus fundus* est la nation qui, en recevant le joug, a délaissé ses institutions antiques pour prendre les lois des conquérants.

La *préfecture* reçoit de Rome le chef qui conduit ses intérêts au mieux de la politique romaine, et rend la justice à la place des magistrats élus. La préfecture peut être, d'après Savigny, soit un municipe, soit une colonie [1].

Les *municipes* ont la plus large part au droit de cité. Du reste, leur condition n'était pas uniforme, et même entre eux, il y avait des différences.

Les villes d'Italie, en général, étaient, ou des colonies, faites à l'image de Rome, ou de simples villes jouissant du *jus latinitatis* ou du *jus italicum*. Les municipes étaient en nombre assez restreint.

Vint un jour où l'Italie entière se souleva pour obtenir le droit de cité, et aussi la liberté. La guerre sociale ensanglanta la république. Elle dut se terminer par les plus larges concessions de la part de la métropole.

Plus tard encore, la cité romaine s'accorde à des villes, à des provinces entières.

1. Hist. du droit rom. au moyen-âge, I § 14, p. 55.

Même avant la constitution de Caracalla qui donne la *civitas* à l'*orbis romanus* tout entier, nous voyons dans Pline qu'on préfère le titre de citoyen d'Alexandrie à celui de citoyen romain [1].

Parallèlement à ce mouvement libéral, s'en produit un autre, analogue, qui tend à l'extension des pouvoirs locaux, en d'autres termes, à la décentralisation.

Les villes italiennes avaient toujours conservé après la conquête quelques traces de leur ancienne indépendance [2]. Du jour où l'égalité des droits fut donnée à leurs citoyens, il fallut aussi établir dans leurs règlements généraux la même uniformité. La table d'Héraclée nous donne un exemple de cette transformation.

A une époque difficile à déterminer exactement, mais qui ne s'éloigne guère de celle-là, les priviléges municipaux sont communiqués au reste de l'empire. D'après M. Giraud [3], Auguste aurait agi ainsi uniquement pour « rejeter dans les municipes et les questions d'administration communale l'activité politique, la turbulence de l'aristocratie romaine. »

Après n'avoir eu d'autre égalité que celle d'un commun esclavage, les villes provinciales commencent dès lors à posséder des droits égaux et uniformes, qui donnent à chacune d'elles une sérieuse importance.

Les différentes *leges municipales* retrouvées ou restituées, la lex Rubria, les tables de Malaga et de Salpenza, notamment, en font foi.

1. Pline le jeune, Lettres, X, 21 et 22.
2. Savigny. — Hist. du d. r., T. I ch. II § 14.
3. Tables de Malaga et de Salpenza, 1e lettre à M. Laboulaye.

Dès lors la personnalité civile attribuée aux villes porte ses fruits, et leur permet de figurer avec honneur à côté des particuliers. Plus tard seulement, l'uniformité impériale fait disparaître de nouveau toutes les libertés.

Chaque commune constitue une *universitas*, entièrement distincte des habitants de la ville. Elle a des intérêts séparés, qui peuvent se trouver en opposition avec les leurs, comme avec ceux de l'Etat lui-même. Elle possède, et ses biens, ses intérêts, sont gérés par des magistrats qui représentent la communauté. Ce principe de personnalisation est admis au Digeste comme incontesté[1].

Il en est même ainsi des villages, *vici*, qui cependant ne sont que des subdivisions administratives, et non des communautés indépendantes[2]. Au point de vue du droit civil, il possèdent la personnalité[3].

La même solution doit incontestablement s'appliquer aux *bourgs*, dont ne parle pas la législation justinienne[4].

Pour les représenter, les communes ont des administrateurs, des magistrats. La population tout entière est quelquefois appelée à donner son avis.

Nous parlerons plus loin de ces diverses manifestations de volonté, et de leurs effets au point de vue du droit privé. Il ne sera question ici que de quelques notions sur l'organisation elle-même des communes. La cité est en effet nécessairement *ordinata*.

1. LL. 2, 7, 8, 9. D. Quod cujusc. univ., etc. Ulp. Reg., 22, 5.
2. L. 30 D. Ad. muni. 50, 1.
3. 73, 1 D. De leg. 1°, 30; 15, 2 C. De jurejur. propt. cal. 2, 59
4. Paul, IV, 6, § 2. — Table d'Héraclée, passim.

On distingue trois pouvoirs différents : le peuple, le sénat, les magistrats.

En principe, tout procède du premier de ces pouvoirs. Au peuple, comme à Rome dans l'origine, la nomination des magistrats ; au peuple, le droit de rendre des décrets, obligatoires dans le territoire de la commune[1].

Peu à peu le sénat s'empare de la puissance effective[2]. C'est lui qui désormais est la première autorité dans la cité.

C'est le sénat, *curia*, qui de chute en chute, devint cette fameuse et misérable curie, dont les membres, *curiales*, ou décurions, se sauvaient à l'étranger, se cachaient dans les cavernes, cherchaient un refuge dans le service militaire et même dans l'esclavage, pour échapper aux honneurs[3].

Les anciens sénateurs avaient un privilège considérable ; car eux seuls pouvaient être magistrats ; et de plus ils jouissaient d'un droit usurpé, celui d'élire eux-mêmes aux fonctions communales[4].

Les principaux magistrats municipaux étaient les *duumvirs* en Italie, les *principales* en province ; les *préfets*, les *curatores* ou *quinquennales*, ou *censores*. Les premiers sont plutôt des juges, les derniers, des administrateurs[5].

Enfin les *defensores civitatum* sont d'institution ré-

1. Cic. pro Cluentio 8. — Cic. de leg. III, 16. — Gruter Insc. p. 363.
2. Seulement après Domitien, car les tables de Malaga et de Salpenza organisent encore l'assemblée du peuple.
3. 10, 11, 13, 22 C. Th. De dec. XII, 1.
4. 45 C. De Decur.
5. Lex Rubria, passim.

cente : les décurions sont exclus de cette magistrature [1].

L'étendue de la compétence des chefs de la commune, au point de vue du contentieux, est gravement contestée, surtout à l'origine [2].

Quant à la juridiction gracieuse, les magistrats municipaux en étaient assez généralement investis. C'est devant eux, notamment, que se faisaient les affranchissements, ils opéraient l'insinuation des donations et nommaient les tuteurs [3].

Mais, sous le régime impérial, avec la concentration des pouvoirs qui peu à peu s'établit, la commune n'a plus la même liberté d'action, et n'agit plus que sous l'œil du maître. Les chefs de la province peuvent casser les décrets de la curie, et surveillent de très-près l'administration [4].

Les détails de cette administration étaient ordinairement divisés entre les différents chefs de la commune : *ut puta uni kalendarii cura, alii cura frumenti coeundi; a quibus separatur actor* [5].

2° CURIE.

Il semble naturel de dire deux mots de la curie immédiatement après avoir parlé des communes qu'elle dirigeait.

C'était une *universitas* dans l'*universitas*. L'*ordo*,

1. Sav. H. d. d. r. au M. â. — I § 16. § 56 s.
2. Cf. Roth et Savigny. ll. cc.
3. 1. C. De Def. § 55, entre 300 et 350 ap. J.-C. 3 D. De tut. et cur.
4. 4 D. De decret. ab ordin. fac., 50, 9. — 1, § 2, 3, 4. Quando appellandum sit, 49, 4 ; etc.
5. Cujas, Comm. in Dig.

le corps des décurions formait lui-même une personne morale parfaitement distincte de celle de la cité.

Le sénat se composait des anciens magistrats, de hauts dignitaires, des fonctionnaires en exercice, de *pedani* et de *prætextati*. On ne sait au juste quelles sont ces deux dernières classes. Fabretti voit dans les prætextati ceux qui, ayant la fortune exigée pour être décurions, n'avaient point encore de charge. Suivant Niebuhr, ce seraient les jeunes fils de décurions[1].

Responsables de leur gestion, de celle des magistrats qu'ils ont désignés pour les remplacer dans leurs fonctions[2], les curiales le deviennent bientôt du recouvrement des impôts de toute leur ville. Tout déficit est comblé sur leur fortune personnelle. Outre la naissance, on cherche à augmenter par l'élection le nombre des décurions[3]; l'oblation à la curie devient un mode de légitimation[4].

On connaît les misères des curiales dans les derniers temps de l'empire. De pareilles infortunes semblent inouïes. On en était arrivé au point de condamner les criminels à entrer dans l'ordre des décurions[5].

La personnalité de l'*ordo* est indiquée jusqu'à un certain point par la loi 7, 2 D. Quod cujusc. univ. ordinairement invoquée dans ce sens. A vrai dire, ce texte parle plutôt de l'unité de ce corps, comme de l'unité d'un tribunal par exemple.

Mais la loi 2 C. De præd. dec., 10, 33, et une cons-

1. Savigny, Hist. du d. r. au m.—â. I § 25 p. 76.
2. 2 et 8 C. De suscept. X, 70.
3. 6, 5 D. De decur.
4. 3 C. De natur. lib. 5, 27. — Nov. 89, Chap. 2—7.
5. 68, 108 C. Th. De decur. XII, 1.

titution de Théodose et Valentinien de l'an 429, qui figure au Code de Justinien[1], tranchent la question. Cette dernière loi donne à la curie la succession de ceux de ses membres qui meurent sans héritiers.

3° DES PROVINCES.

Il n'est question que dans un seul texte de la personnalité des provinces[2]. Et comme c'est un texte du Code théodosien, il est possible que la même règle n'ait pas existé dans tout l'empire. Les provinces, en effet, s'agitaient moins dans le droit privé que dans le droit politique et administratif. C'étaient des circonscriptions, qui ne devaient pas avoir de biens particuliers.

4° DU FISC.

Certains auteurs ne veulent point admettre que l'Etat soit une corporation formée de tous les citoyens. En réalité cependant, et en allant au fond des choses, l'État est aussi bien une corporation nécessaire, que la commune. Au lieu des intérêts locaux, l'État réunit en sa personne les intérêts généraux d'une nation entière.

Au point de vue du droit privé, l'État, la grande corporation, se présente sous la forme du trésor public.

On sait que, sous la république, on appelait ce trésor *ærarium*.

1. 4 C. De her. dec. 10, 61.
2. Cod. Théod. II, 12. — Dirksen, p. 15. — Savigny, Syst, II, 387.

Le mot de *fiscus* ne présente pas par lui-même de sens particulier et distinct. Ce mot ressemble fort à notre expression de *caisse*. En effet, *fiscus* signifiait dans le principe une de ces corbeilles d'osier où l'on mettait l'argent. Le mot s'est appliqué d'abord aux bureaux de recette eux-mêmes, puis a été généralisé; et sous l'empire on nomme *fiscus*, par opposition à *ærarium*, le trésor du prince.

On sait en effet que les provinces furent partagées sous Auguste entre l'empereur et le sénat, le prince commandant plus particulièrement les frontières; le sénat, les parties calmes et tranquilles de l'empire. Cette décision amena aussi une division du budget; et l'on appela désormais les provinces qui payaient à l'empereur, *tributaires;* et les autres, *stipendiaires*[1]. L'attribution à l'ærarium prenait seule le nom de *publicatio*, par opposition à la *confiscatio*.

A mesure que grandit le despotisme, cette séparation s'efface. On la voit encore subsister sous Trajan[2] : elle paraît avoir disparu sous Adrien[3]. Les empereurs ont dès-lors la libre disposition des revenus de l'Etat tout entier. Les noms seuls et la comptabilité restent distincts. Ainsi on voit encore un *comes sacrarum largitionum*, et un *comes rerum privatarum*[4], avec des officiers inférieurs sous leurs ordres.

La personnalité du fisc est implicitement reconnue

1. Gaius, II, 21.
2. Tacit. Ann. VI, 2 ; Plin. Paneg. c. 42.
3. L. 20, 6, D. De pet. her.
4. Notitia dignitatum imperii. — Dig. De officiis procuratoris Cæsaris et rationalis.

par tous les textes qui lui attribuent des biens, des successions, et lui permettent de plaider [1].

Les causes en vertu desquelles des biens lui sont attribués, sont nombreuses.

La confiscation était appliquée dans une foule de cas, et jouait un grand rôle dans le droit criminel romain [2].

Les successions vacantes, les *caduca*, sont saisies par le fisc [3].

Il ne faut pas confondre avec le fisc, la fortune particulière du prince. Il en jouissait comme un simple particulier. Mais, comme il avait sur le trésor public les droits les plus étendus, le pouvoir d'user et d'abuser, il n'y avait point de différence en fait entre ces deux patrimoines.

Une question a été discutée : celle de savoir si, lors de l'avénement d'un empereur, sa fortune particulière tombe dans le fisc. C'est ce qu'on a appelé dans les temps modernes, la dévolution. M. Laboulaye [4] pense qu'elle a existé. Mais l'opinion générale est en sens contraire. En effet, quelque conforme que puisse être ce principe à la nature de la monarchie héréditaire, en définitive, il n'en découle pas nécessairement; il faudrait un texte pour l'établir. Or comme il n'y a aucune trace d'une loi qui établirait cette particularité, on est amené forcément à rejeter la dévolution comme n'ayant jamais existé à Rome [5].

1. De jure fisci, passim.
2. L. I, 1, De D. jure fisci 49, 14. — Paul, Sent. V, 12, 1.
3. 2 C. De bonis vac. et incorp.
4. Hist. de la prop. foncière, p. 419.
5. Serrigny, 6 Droit pub. et adm., I, 663.

Cujas fait une autre remarque, parfaitement juste, à propos de ce domaine privé du prince. C'est qu'à sa mort, il se transmet à son héritier d'après le droit civil, tandis que le fisc passe à son successeur au trône, qui souvent est un étranger [1].

5° CORPORATIONS.

A une époque où l'initiative et la liberté personnelles avaient fort peu de ressort, où d'un autre côté l'industrie et le commerce étaient méprisés et laissés aux classes inférieures, on comprend que l'idée d'association soit venue très-tôt, et se soit développée dans la suite des temps d'une façon considérable. La corporation, en effet, réunit en un faisceau des forces éparses, elle permet de résister souvent avec efficacité à des abus de pouvoirs, enfin de créer quelquefois une caisse de secours mutuels.

Les temps les plus reculés de Rome eurent des corporations, soit sacerdotales, soit industrielles.

Elles remonteraient, d'après Pline et Plutarque, à Numa Pompilius [2] ; Florus en attribue la création à Servius Tullius [3].

Parmi les auteurs modernes, s'est élevée la question de savoir, en remontant plus haut encore, quelle est l'origine des colléges d'artisans, et quelles sont les corporations qui ont servi aux autres de types et de modèles.

La divergence des opinions à cet égard montre qu'il

1. Comment. s. le tit. C. 1, 33.
2. Plinius, 34, 1 ; 35, 46. — Plut. Numa, 17.
3. Florus, 1, 6.

est bien difficile, sinon impossible, de résoudre la difficulté. Les anciens romanistes, trompés par ce qui se passait de leur temps et sous leurs yeux, ont donné la plus grande importance aux associations d'ouvriers, qui, d'après Godefroy, notamment, auraient été copiées par toutes les autres.

L'opinion commune les fait dériver des Grecs. Et il est incontestable qu'il y en avait en Grèce. Mais ce n'est pas une raison suffisante pour admettre l'importation comme certaine.

Heineccius a imaginé d'en attribuer l'origine aux Sabins. Dirksen va jusqu'aux Etrusques.

Il est bien plus simple et plus rationnel de ne pas chercher si loin. Il n'y a aucune impossibilité à ce que chaque sorte de corporation ait son origine particulière [1]. Et quant à déterminer exactement d'où en vient la première idée, c'est évidemment chose impossible.

La trace des corporations industrielles peut se suivre à une époque encore très-ancienne, dans Denys d'Halicarnasse [2]. Cet auteur nous parle de l'insertion entre la première et la seconde centurie, d'une centurie de τεκτόνων (tignariorum et ærariorum), et d'une autre χαλκοτύπων ; puis de la création de deux centuries de βαλπίστων et de Βυκανιστῶν (tibicinum et cornicinum). On voit que l'organisation des travailleurs se liait intimement au système des centuries, intronisé, dit-on, par Servius Tulius. Cette division sert

1. Mommsen, De coll. et sodal. Roman. — Kiliæ, 1843.
2. IV, 17 ; VII, 59.

par conséquent aussi à la formation de l'armée et à l'organisation des comices.

On trouve plus tard huit colléges d'artisans : 1° tibicines, 2° aurifices, 3° ærarii, 4° tignarii, 5° tinctorii, 6° sutores, 7° figuli, 8° fullones. Parmi ces professions usuelles et nécessaires, on est étonné de ne pas voir figurer un collegium pistorum, les boulangers.

Et Pline nous apprend que jusqu'à la guerre de Perse (680) ils ne formèrent pas de corporation [1].

Le collége des pontifes, successivement fractionné depuis, formait une corporation importante. Mais nous dirons au chapitre des établissements religieux pourquoi cette importance était surtout politique, et ne s'étendait guère dans la sphère du droit privé [2].

Outre les artisans eux-mêmes, il y avait certaines associations de fonctionnaires subalternes. Les scribes sont les plus connus. On les appelait originairement *librarii, censuales, scribæ*. De leur organisation vint le nom de *decuriati*, qui fut ensuite réservé pour les désigner, quoique par lui-même il désigne toute association divisée en décuries [3].

Sous la république déjà, puis ensuite sous les règnes de César et d'Auguste, il fut rendu des lois pour détruire les *collegia*. Cette expression qui a deux sens, désigne tantôt les corporations industrielles, tantôt les associations amicales et les clubs. On pourrait croire que les corporations elles-mêmes

1. H. N. L. 18, c. 11.
2. Zell, Handbuch.
3. Dirksen, p. 46. 58 ; Savigny, H. d. d. r. au m.-â., I § 16 ; — Niebuhr, Röm. Gesch. III, 348-353. Savigny, Traité, 38, et n. d.

sont tombées sous la généralité des termes de la décision. Mais les motifs qui ont inspiré le législateur, écartent cette hypothèse [1]. Ce qu'on voulait, c'était dissoudre les associations politiques, les clubs, qui donnaient de l'ombrage au gouvernement; empêcher en un mot les partis, et surtout le parti libéral, de s'étendre et de prendre de l'influence. Tout cela ne touche pas les vieilles corporations d'ouvriers.

Cependant, les premières lois prononcèrent aussi la dissolution des corps de scribes; le sénatus-consulte ordonnait *ut sodalitates decuriatique discederent* [2]. Il est vrai qu'on peut prendre la dernière de ces expressions dans un sens plus général.

Grande est la différence entre le simple *droit d'association*, et la *personnalité morale*. L'un ne consiste qu'en une simple juxtaposition des éléments qui forment l'association, l'autre est la fusion de ces différents éléments en un seul; de sorte que tout en conservant leur personnalité, leur identité propre, ils forment par leur réunion un être nouveau.

Aux époques où les corporations jouirent de la plus grande liberté d'association, leur personnalisation resta toujours soumise à l'arbitraire du gouvernement, selon le principe posé dans la loi 1 p. D. Quod. cujc. univ. L'exemple de Trajan nous montre combien l'administration centrale en avait peur.

Marc-Aurèle comprit le premier que les corporations industrielles ne présentaient pas pour l'empire les mêmes dangers que les sociétés politiques, et il fa-

1. Sav., Traité d. d. r., II, 88.
2. Cic. ad. Q. fr. II, 3, 6.

vorisa leur développement. « Il organisa en colléges les marchands de vins, les marchands de légumes, les cordonniers, et tous les métiers en général. La constitution de ces colléges fut réglée, et l'empereur mit à leur tête des défenseurs[1] ». Enfin, il permit aux colléges reconnus par l'Etat, de recevoir des legs [2].

Plus tard, les colléges furent un moyen commode d'opprimer l'industrie. Le gouvernement se saisit de leur organisation et exerça son despotisme sur les ouvriers. Les priviléges accordés sont durement payés, et ici comme dans la curie, on ne peut sans peine se débarrasser du lien commun [3]. D'un autre côté les priviléges accordés sont souvent très-importants : exemption de la tutelle, de la curie, monopole[4]; etc.

A l'époque des jurisconsultes et des empereurs, peu de corporations jouissent de la personnalité. Ce sont les boulangers [5], les maçons (ou centonaires [6]) les pêcheurs, les dendrophores[7], les nautes ou bate-

1. Oel. Lamprid. Alex. Sev. 33. — Levasseur, Hist. des classes ouvrières, I, p. 29 et 30.

2. 20 D. 34, 5.

3. Nulli liceat pistorum, supplicatione delata, subterfugiendi muneris impetrare licentiam 26, 4 C. Théod. 14, 6 — Les centonaires qui se réfugient dans la curie seront repris et livrés à la corporation, 2 C. Th. 14, 8.

4. 1 C. Th. 14, 21 année 364. 6 D. De jure imm. 50, 6. Plus d'une profession exempte de la milice, de la curie. — Une constitution de Gratien, Valentinien et Théodose, formant la loi 16 C. th., 13, 5, donne aux marchands de porcs, après cinq ans d'exercice, le titre de comte. Par exemple, en cas de refus, on a recours à la contrainte.

5. L. 1. I Quod cuj. univ.

6. Orelli 4068.

7. Orelli 4070. — Epit. de Tutichylas. L'opinion qui rangeait la corporation des *dendrophores* parmi les pontifes: (Rabanis, Recherches sur les dendrophores) est aujourd'hui à peu près abandonnée. Les bûcherons (δενδροφόροι) ont peut-être porté des branches d'arbres dans quelques cérémonies religieuses et de là est venue la confusion (Cf Zell, Handbuch der rœmischen Epigraphick).

liers[1], les forgerons[2], les *porcinarii urbis æternæ*[3], les *calcis coctores*[4]; les mineurs[5].

L'administration des corporations est en partie calquée sur l'organisation municipale, quoique les noms des magistrats changent à l'infini. Ordinairement il y a des duumvirs[6], ou des quatuorvirs[7]; quelquefois des préfets, des consuls, des curateurs, des procurateurs, des questeurs. Le syndic représente la corporation devant les tribunaux. Ordinairement le collége tout entier se met sous le patronage d'un homme riche et puissant, appelé défenseur[8].

Non-seulement les corporations ont leur culte, leurs cérémonies religieuses, mais elles lèvent aussi des impôts sur leurs membres : elles leur font des lois, et dans certains cas leur distribuent de l'argent ou des vivres[9].

Leurs ressources, outre les cotisations personnelles, consistent dans les legs qui leur sont faits. De plus, il y a beaucoup de corporations qui ont droit aux successions ab intestat de leurs membres. Enfin, une loi du code théodosien semble faire entendre qu'en entrant dans la corporation, on payait une somme à titre de dot[10].

1. L. 1, I Quod cuj.
2. 17, 2 D. De excus. 27, p.
3. 1 et 2 C. De suariis et suscept. 11, 16.
4. C. Th. De calcis coctoribus.
5. C. Th. De Mettallariis.
6. Orelli 4135.
7. Orelli 4138.
8. Oel. Lamprid, Al. Sev. 33. — Orelli 3. 76.
9. Cod. Just. passim. — Gruter, 399 N° 4.
10. l. 18 C. Th. 14, 3. ann. 396.

6° ASSOCIATIONS AMICALES.

Ces associations étaient établies soit dans un simple but de secours mutuels, soit dans un but politique, soit afin de pourvoir aux plaisirs des associés pendant leur vie, et, après leur mort, à leurs funérailles.

Il y en avait beaucoup à Rome. « Mais les pays grecs, comme dans toutes les choses bonnes et délicates avaient eu la priorité sur les Romains. Les *éranes* ou les *thiases* grecs d'Athènes et Rhodes, des îles de l'Archipel, avaient été de belles sociétés de secours mutuels, de crédit, d'assurance en cas d'incendie, de piété, d'honnêtes plaisirs. Chaque érane avait ses décisions gravées sur une stèle, ses archives, sa caisse commune.... Les femmes faisaient partie de ces éranes ; elles avaient leur présidente à part (proéranististrie). Les assemblées étaient absolument secrètes.... Quelques-uns de ces thiases, surtout ceux de Bacchus, avaient des doctrines relevées, et cherchaient à donner aux hommes de bonne volonté quelque consolation [1]. »

A Rome, les associations de ce genre n'avaient pas autant de facilité d'établissement qu'en Grèce : le patriciat romain s'opposait à leur intronisation.

On pense assez généralement que les premières eurent pour objet des banquets, où l'on mangeait avec les prêtres les victimes offertes aux dieux [2]. Caton en parle comme s'étant établies de son temps [3].

1. Renan, Les Apôtres, p. 351 S.
2. Mommsen De coll. et sod. Rom. p. 8.
3. Cic. de senect. C. 13.

Les XII Tables n'avaient posé d'autres limites que celles de l'ordre public [1].

Mais en 186 déjà av. J.-C., la découverte des Bacchanales donna lieu à l'application de ces principes [2].

Malgré tous les obstacles, la fin de la république vit naître un grand nombre d'associations, destinées surtout à faire triompher un candidat aux élections populaires. [3]. On chercha à les abattre en développant l'accusation de brigue (ambitus), pour en faire contre les candidats une poursuite spéciale, le *crimen sodaliciorum* [4].

Les textes de lois nous parlent ensuite d'un sénatus-consulte rendu contre les colléges. Il ordonnait aux *decuriati* et aux *sodalitates* de se dissoudre ; mais il exceptait les colléges d'utilité publique [5]. La peine en cas d'infraction était celle portée par la loi Julia majestatis : la mort ou l'exil [6].

Les dates respectives de ces monuments législatifs sont difficiles à déterminer. La question a du reste peu d'importance, en raison du rétablissement des colléges par le tribun Clodius, en 68 av. J.-C., peu de temps après les lois prohibitives [7]. — Cicéron se repentit amèrement plus tard d'avoir cédé à ce mouvement et d'avoir lui-même engagé Ninnius, le collègue de Clodius,

1. Gaius, 4 D. De coll. — Dirksen, Zwœlftaf. VIII, 27.
2. Tite-Live, L. 39, 8-18.
3. Cic. ad fratr. III, 1, 5. — Dion C., 37, 57.
4. Dion Cassius, 39, 37, De lege licinia. — Ascon. in Mil., p. 40.
5. Asc. in Corn. p. 75.
6. 1 p. et 2 De Coll. et corp.; — 1 et 2 D. Ad l. Jul. maj.
7. Cic. pro Sext. 15, 34, cf 25, 55; — Pro domo, 5 f. cf. 21, 24 ; — in Pis., 15, 11, 10, 23.

à ne pas opposer de résistance [1]. Il parle avec mépris des nouvelles associations fondées par Clodius, *ex omni fœce Urbis ac servitio concitata* [2].

Les associations qu'on craignait le plus à cette époque étaient les *compitalicia*, en grec τετραόδοι, réunions particulièrement rurales, importées en ville. Il était très-facile au moyen de ces clubs, de soulever le peuple, ou d'acheter ses suffrages [3].

D'après Mommsen, *sodalitates* désigne les associations d'amis qui dirigeaient les élections ;—*decuriati*, les misérables embrigadés dont les sodalitates avaient acheté le suffrage [4].

L'empire comme la république chercha à comprimer la tendance générale à l'association.

César supprima tous les colléges nouveaux qui s'étaient formés malgré les défenses [5]./Auguste agit de même [6].

Cependant, César fit à la règle une exception remarquable en faveur du collége des Juifs. [7].

Philon en donne pour raison que les colléges avaient été supprimés non pas tant par crainte des factions, que *ob comessationum et compotationum intemperantiam, quæ parit deterrima, inutilissima, nefandissima quæque*. Auguste aurait maintenu les *Judæorum scholæ* parce que, loin de présenter ces inconvénients, elles étaient des modèles de tempérance [8].

1. Ad. Att. III, 15, 5.
2. In Pis, 4, 9.
3. Wunder, 18. 45, p. 137. — Orelli, 3700, 3706, 4265.
4. Mommsen, — De Coll. et sod. Rom., Ch. III § 8, p. 60.
5. Suet. Cæs. 42. Cuncta collegia, præter antiquitus constituta, distraxit.
6. Suet Oct. 32.
7. Josèphe, Antiq. XIV, 17.
8. Philon apud Cuj. Obs. VII 30.

Les associations qui subsistent sous les empereurs sont d'une nature particulière : Ce sont des colléges de petites gens, *tenuiorum;* des fondations d'assistance mutuelle. On craint moins que ces colléges ne se mêlent à la politique : cependant on ne leur permet de se réunir qu'une seule fois par mois, *ne sub prætextu hujusmodi illicitum collegium coeat* [1]. Il est défendu d'être membre à la fois de deux colléges [2].

Tous les empereurs avaient une peur terrible des associations. « Claude alla jusqu'à fermer les cabarets où les confrères se réunissaient, jusqu'à interdire les petits restaurants où les pauvres gens trouvaient à bon marché de l'eau chaude et du bouilli [3].

Et pourtant, ils étaient bien modestes, ces pauvres colléges, placés comme nos confréries du moyen-âge sous une invocation pieuse [4]. Aux repas, « chacun apportait sa sportule; un des confrères, à tour de rôle, fournissait les accessoires du dîner, savoir les lits, la vaisselle de table, le pain, le vin, les sardines, l'eau chaude [5]. L'esclave qui venait d'être affranchi devait à ses camarades une amphore de bon vin [6].... »

Le plus souvent, l'objet apparent de l'association était l'enterrement mutuel. « On aimait à songer qu'on ne serait pas jeté aux horribles fosses communes [7].... Le pauvre homme mettait par mois un sou au tronc

1. 1, 2 D. De Coll. et corp.
2. Eod.
3. Renan, l. c., — Dion Cassius, 60, 6. — Suet. Néron, 16.
4. Orelli, passim.
5. Inscr. de Lanuvium (Diane et Antinoüs).
6. Eod. 2e Col., l. 7. — Renan eod.
7. Horace, Sat. I, VIII, 8 s.

commun pour se procurer après sa mort une petite urne dans un *colombarium*, avec une plaque de marbre où son nom fût gravé [1]. »

Les membres d'une même association se nommaient entre eux *sodales*, ou *collegæ*.

Ici encore la personnalité civile n'est obtenue que par une autorisation spéciale du gouvernement [2]. On distingue dès lors deux sortes d'*illicita collegia :* Ceux qui se proposent un but mauvais, subversif en lui-même et ceux auxquels la prudence impériale a refusé son autorisation.

Mais les *collegia tenuiorum* paraissent avoir été moins craints que les autres et admis en grand nombre. On trouve une foule d'inscriptions qui le constatent...

Ils peuvent se donner des statuts, pourvu que ces lois particulières ne soient pas contraires à la loi générale et à l'ordre public.

Les Basiliques reproduisent la l. 1 *De Coll. et corp.* sur les *Collegia tenuiorum*, la *stips menstrua*, et les *singulis mensibus coitus*.

7° SOCIÉTÉS INDUSTRIELLES OU COMMERCIALES.

La société a été de bonne heure employée par les Romains. Ce qui le montre, c'est qu'elle est devenue l'un des quatres contrats consensuels.

L'empire surtout vit se développer les grandes compagnies industrielles. L'immense étendue du territoire

1. Renan, eod.
2. 1, 1 D. Quod. cuj. univ. 3, 4.

permettait aux sociétés romaines d'aller chercher à l'extrémité du monde les produits les plus divers[1].

Mais la société commerciale comme toute autre simple association n'a pas d'existence réelle : elle ne vit qu'en la personne des sociétaires. Cependant on trouve assez fréquemment des textes paraissant accorder à la société comme tels des droits particuliers, et indépendants de ceux des associés.

C'est que quelquefois, aux sociétés comme aux colléges, est donnée cette personnalité civile, tant appréciée, et à si juste titre. Alors la société est en réalité une personne, et se meut comme telle dans la vie privée.

En principe, il en est ici comme des colléges et des corporations. Cependant les commentateurs font observer une différence théorique : les corporations et les colléges sont créés pour répondre à un besoin permanent. Ils sont donc, en principe, perpétuels. La société au contraire, n'est contractée ordinairement que pour tel ou tel ordre d'affaires, et pour un temps, soit défini, soit indéfini, mais nécessairement limité[2].

Cette distinction peut servir à reconnaître quelles sont les associations qu'a laissé subsister le sénatus consulte de l'an 68 avant J.-C. Ce sont en principe, celles qui n'avaient pas une *causa perpetua*.

Quant à la personnalité juridique, elle paraît avoir été donnée tacitement et en général à certaines sociétés, en quelque circonstance qu'elles fussent créées,

1. On connaît le fameux assaisonement appelé *garum sociorum*, la Sauce des Associés.

2. Mommsen, l. c. p. 86.

et sans autorisation particulière. Ainsi les sociétés des *publicains*, ou fermiers des impôts.

Une autre particularité de cette association c'est qu'on y peut convenir à l'origine que la mort de l'un des associés ne dissoudra pas la société, et qu'alors son héritier prendra sa place[1]. Ordinairement, au contraire, le plus qu'on puisse faire, c'est de décider que la société continuera entre les survivants[2].

Cette dernière stipulation est toujours sous-entendue dans les sociétés *vectigalium*[3].

Les autres associations qui sont des personnes morales, se trouvent indiquées, du moins les principales, dans la l. 1 p. D. *Quod cuj. univ.*

Ce sont surtout les grandes compagnies auxquelles l'État a concédé des travaux importants d'exploitation : des mines d'or ou d'argent, des salines.

Il est inutile de parler dès à présent des avantages considérables que donnait à une société la personnalisation. Ces explications ressortiront nécessairement de notre 2e partie. Disons seulement que ce privilége simplifie extrêmement les relations juridiques de la société avec les tiers, et avec les associés eux-mêmes.

8° ÉTABLISSEMENTS RELIGIEUX ET FONDATIONS.

Dans l'origine, on trouve fort peu de fondations religieuses ; et pourtant les Romains savaient subvenir avec générosité aux besoins du culte, à l'entretien

1. L. 59 D. *Pro socio* 17, 2.
2. 5 Inst. De societ., 3, 25.
3. 63, 8. D. Pro. socio.

des prêtres, à la construction et à la réparation des temples. C'est qu'il existait une institution juridique particulière, la *consécration*. Il en est parlé aux Institutes et au Digeste, au titre De divisione rerum; car les choses consacrées deviennent *divini juris*, et sortent par là du commerce[1]. Ce sont désormais des objets d'une nature toute particulière, qui sont soustraits à la propriété privée, dont on ne peut plus hériter, ni trafiquer, ni même se servir pour un autre usage que l'usage religieux. On consacre ainsi les temples, les habitations des pontifes, les victimes et les offrandes de toute nature. Celui qui veut donner à perpétuité aux prêtres, pour leur entretien, un fonds et les fruits de ce fonds, recourt à la consécration. Pour rendre une chose *sacra*, il faut, dans le principe, et pour les dons importants, l'assentiment du peuple tout entier[2]. Marcien parait n'exiger qu'une consécration publique[3]. Du temps de Justinien, l'autorité publique n'intervient plus : il suffit de la consécration *rite et per pontifices*[4].

Une fois la consécration opérée, le sol, devenu sacré, est protégé contre toute usurpation par le préteur[5].

Ces règles ne s'appliquent pas, en principe, aux provinces, puisque le sol n'y peut appartenir aux particuliers. Mais on le considère comme consacré de fait[6].

1. 7 s. Inst. De div. r. II, 1.
2. Gaius II § 5.
3. 6 § 2—5. D. De div. rer.
4. 8 D. De div. rer. II, 1.
5. 1 D. Ne quid in loco sancto fiat.
6. Gaius, Com. II, 7.

Il résulte de ce mode de consécration que les colléges de pontifes avaient moins besoin que toute autre corporation de la faculté d'être propriétaires. La jouissance de toutes les choses sacrées devait leur suffire. Du reste, ces colléges étaient nombreux, car ils pouvaient se former librement, le sénatus-consulte sur les colléges ayant excepté les associations religieuses.

De plus, la personnalité leur fut reconnue[1]. Un texte d'Ulpien donne à quelques dieux eux-mêmes *factio testamenti* passive; Ce sont: Jupiter Tarpéien, Apollon Didyme, Mars dans les Gaules, Minerve de Troie, Hercule de Cadix, Diane d'Ephèse, Cybèle du Sipyle, à Smyrne, et Cœlestis à Carthage[2].

Avec le christianisme, les établissements religieux prennent une immense extension. On oublie en leur faveur les vieilles règles républicaines et impériales. L'idée de l'Église considérée dans toutes ses manifestations comme une institution essentielle de la nation, et presque indépendante, dépasse l'idée de l'État. Saint Ambroise le remarque avec enthousiasme, et les lois portent la trace la plus frappante de cet état de choses. Pour ce qui concerne la constitution, la fondation des établissements religieux, le changement législatif est frappant: l'autorisation impériale n'est plus nécessaire: l'évêque seul est juge de l'opportunité du dessein pieux entrepris par le fondateur[3].

La personnalisation n'est dès lors refusée à aucun établissement religieux: Églises, diocèses, hospices

1. 20, 1 De annuis legatis, 33, 1.
2. Ulp. Reg., 22, 6.
3. De div. præd. 11, 69, De loc. præd. 11, 70 passim.

de tous genres, monastères etc., sont propriétaires, et *privatorum loco habentur*.

Dans certains cas, la personnalité de la communauté absorbe même celle des individus. Les moines, d'après une loi de Justinien, subissent une sorte de mort civile, adoucie pourtant par des lois postérieures[1].

Il est digne de remarque que le principe de la localisation de la propriété religieuse, loin de se perdre, conserva toujours toute son influence. On comprendrait que dans le paganisme, qui individualisait les dieux, telle divinité comme tel temple eussent des biens à eux propres. Mais du jour où la religion dominante a pour base l'unité de Dieu, il semble que cette même unité doive être reconnue pour la propriété consacrée, et qu'il ne doive y avoir qu'un seul propriétaire, non plus Jupiter d'un côté, et Mercure de l'autre, Diane d'Ephèse et Mars des Gaules, mais *Dieu*. — La justesse de ce point de vue ne l'empêche pas d'être fort peu pratique. Aussi le principe de localisation l'emporte bientôt sur quelques tendances contraires. La loi 26 C. De sacros. eccl. en est une preuve formelle. « Sancimus.... si quidem, dit Justinien, D. N. Jesum Christum scripsit quis heredem .... manifeste videri ipsius civitatis, vel castelli, vel agri, in quo constitutus erat defunctus, ecclesiam sanctissimam institutam esse heredem.... Si vero unius ex Archangelis meminerit, vel venerandorum martyrum, nulla facta ædis mentione,.... si quidem aliquis sit in illa civitate, vel vicinia ejus venerabilis locus in honorem illius RR. Archangeli vel martyris constructus,

1. Nov. V. ch. 1.

videri ipsum scriptum esse heredem: si vero nullus talis locus apparet, denuo ecclesias quæ in illo loco sunt, capere debere, etc.» En cas de doute, on choisit la paroisse pour laquelle le testateur avait une affection particulière : s'il n'y en a pas, la moins fortunée[1].

Ordinairement, ce sont là de véritables fondations : il est impossible de dire que les biens sont donnés soit aux prêtres, soit aux pauvres, soit même à l'ensemble des fidèles. Ils sont réellement *consacrés*, avec charge d'emplois divers.

D'autrefois, on donne simplement à la paroisse considérée comme personne juridique.

Qu'il y ait ou non des charges, cette dernière libéralité se distingue profondément de la véritable fondation. Celle-ci est à elle seule une personne morale, et a, non des propriétaires, mais des administrateurs.

Du reste les fondations, comme les églises, ont entre elles et avec les particuliers les rapports ordinaires entre personnes physiques. Sauf les exceptions habituelles, elles ont donc bien toutes deux la personnalité juridique[2], et se séparent de l'État.

Celui-ci peut bien, comme un particulier, faire des largesses passagères : il peut même fonder des hôpitaux, des orphelinats ; mais ces personnes morales, une fois nées, sont parfaitement distinctes du fondateur, l'État.

Et le gouvernement civil ne s'immisce point dans l'administration des biens ecclésiastiques, quelle que

1. C. Just., 1, 2. — Cf. 20, 1 D. De ann. leg., 33, 1.

2. Cf. encore pour la localisation dont nous parlons, 20, 1 D. De ann. leg ; 33, 1, 46 D. De episcop. 1, 3.

soit leur origine. L'église elle-même en règle l'emploi[1].

Il ne paraît pas y avoir eu chez les Romains d'autres fondations que les fondations religieuses. Les spectacles et les distributions de pain, (panem et circenses,) étaient donnés soit par de riches particuliers, soit par l'État, représenté par des magistrats spéciaux.

L'enseignement ne paraît pas avoir donné lieu non plus soit à des fondations, soit à la création de corporations. Au moyen-âge au contraire, la vitalité puissante de chaque centre intellectuel s'affirme par la personnalisation de l'université.

Quant aux collèges religieux étrangers, on peut conclure de la loi 1 C. De Judæis[2], que la personnalité civile ne leur est pas donnée, ou du moins qu'ils ne peuvent acquérir par testament.

CORPS POLITIQUES OU JUDICIAIRES.

En dehors des rapports du droit privé, les corps politiques et judiciaires possèdent deux caractères de la personne juridique, à savoir l'unité et la durée. La majorité y fait loi, suivant les règles spéciales de chaque assemblée : Une fois la décision prise, elle est censée prononcée par le corps tout entier, formant une seule personne.[3]. De même, quels que soient les changements qui s'opèrent dans les personnes qui constituent le corps, celui-ci fût-il renouvelé tout entier, l'unité n'est pas violée; l'assemblée politique, le tribunal, restent les mêmes.

1. 15 C. De S. S. eccl.
2. C. 1, 9.
3. 25 D. Ad municipalem.

Ainsi en est-il de la succession des souverains, des colléges de consuls, de tribuns, des tribunaux. La mort ou le remplacement de tous les juges qui ont connu d'une affaire, ne fait pas changer le *judicium*[1].

Mais ce ne sont point là, en principe du moins, des personnes juridiques. Ces corps, ces assemblées, ne se meuvent ordinairement que dans la sphère du droit public et administratif; tandis que le caractère essentiel de la personne morale est d'assimiler un être fictif à un être réel pour ce qui concerne les rapports du droit privé[2]. Ainsi un tribunal, un collége de tribuns, n'ont point de propriétés; ils n'iront point soutenir des procès, accepter des donations. Il est donc de leur nature de ne pas constituer des personnes morales. Mais ce caractère ne touche pas à leur essence; car il pourrait parfaitement se faire qu'un de ces corps fût exceptionnellement gratifié de la capacité de posséder, d'ester en justice.

En ce qui concerne spécialement les tribus, les centuries et les légions, il est fort difficile de trancher la question de fait. Les deux seuls textes que nous ayons, parlent de legs qui leur sont faits[3]. Certains auteurs pensent qu'on ne doit voir là que des distributions individuelles faites aux membres des centuries et des légions.

UNIVERSITATES RERUM.

Outre les associations d'hommes, toutes les légis-

1. 76 D. De jud. 5, 1. — Cf. Nov. 134 c. 6.
2. Savigny, System, II N° 85.
3. Suet. Aug. § 81. — L. 2. C. De her. dec. 6, 62.

lations attachent des effets juridiques à certaines réunions de choses, *universitates rerum*.

Et d'abord, comme le dit Pomponius [1], il y a certaines choses qui sont formées d'autres; comme une maison, de façon à ce que les éléments qui la composent soient fortement réunis sans perdre complétement leur individualité. Les différents cas de spécification, de construction, de plantation, peuvent être examinés à ce point de vue. Nous ne faisons que l'indiquer, sans pouvoir dans les limites de ce travail, nous y arrêter.

D'autres ensembles, dit encore Pomponius, sont composés ex *distantibus*. Ainsi un troupeau, une dot, une hérédité, ne sont pas seulement un assemblage d'objets divers. Ces objets sont réunis sous un même nom et forment un même tout, de façon à ce que certains principes de droit qui autrement ne leur seraient pas applicables, deviennent leur règle, tant qu'ils se trouvent dans cette unité de raison.

On distingue ordinairement ces ensembles eux-mêmes en *universitates facti* et *universitates juris*. Mais cette distinction n'est pas nettement définie. Chaque auteur l'interprète à sa façon, et donne un sens différent aux deux termes de la division. D'après Thibaut et Mackeldey, l'*universitas juris* pourrait seule comprendre des biens incorporels, des obligations actives et passives. Un pur assemblage d'objets matériels, comme un troupeau, une usine avec le matériel qui en dépend, une boutique garnie de marchandises seraient des *universitates facti*. Le pécule, l'hérédité,

1. 30 p. D De usurp. et usucap.

seraient au contraire des *universitates juris*, puisqu'ils peuvent contenir des créances et des dettes [1].

L'existence du *calendarium* [2] (ensemble des créances d'une personne), du *mansæ negotium* [3], (opération de banque), répond à cette prétendue distinction. On ne les classe pas parmi les *universitates juris*, et cependant elles se composent de *res incorporales*.

Nous ne saurions admettre non plus que la loi fasse produire aux *universitates juris* des effets qui seraient déniés aux *universitates facti;* à savoir que les premières puissent être revendiquées par une action *in rem universalis*, et qu'à elles seules puisse s'appliquer la règle « *In judiciis universalibus res succedit in locum pretii, pretium in locum rei.* »

La pétition d'hérédité directe ou utile est en effet la seule action *in rem universalis* réellement reconnue ; et la subrogation générale, est, à notre avis, applicable à toutes les *universitates*.

Nous pensons comme M. J. Flach, dans son étude sur la subrogation réelle, que la division des *universitates* en *facti et juris* offre peu d'intérêt et qu'en définitive elle se borne à la distinction suivante : Sont *universitates facti* celles « qui existent manifestement en fait ; que tout homme, juriste, ou non, peut aisément apercevoir, qui *sautent aux yeux*.... Les *universitates juris*, au contraire, seraient celles qui échapperaient facilement à un œil peu exercé, qui ont

1. Mackeldey, Lehrbuch des rœm. Rechts § 150, I. Thibaut, System des Pandectenrechts, I § 175.

2. 88 pr. D. De leg. 2°; 64 De leg. 3°.

3. 77, 16 D. De leg. 2°.

besoin d'être envisagés à un point de vue juridique[1].»

Cette différence est donc purement théorique.

Pour en finir avec les *universitates rerum* en général, disons que l'intérêt de leur étude se concentre principalement sur les matières de l'usucapion, de l'usufruit et de la subrogation.

On peut usucaper toutes les parties d'une *universitas*, sans les avoir toutes possédées dans les conditions voulues; il suffit qu'on ait possédé l'ensemble pendant le temps et dans les circonstances nécessaires[2].

Les questions relatives à l'usufruit d'un troupeau ont été profondément creusées par les jurisconsultes romains[3]. Mais la plupart des solutions qui s'y rapportent peuvent s'étendre aux autres *universitates*.

Quant à la subrogation, il faut distinguer les rapports de l'*universitas* avec le successeur qui l'acquiert, le possesseur du patrimoine où elle se trouve déjà, et, d'un autre côté, avec les tiers. Sous le premier point de vue, nous estimons que la subrogation est toujours possible[4]. La qualité de *res universitatis* est toujours transférée en cas de remplacement d'une chose par une autre, lorsque ce remplacement est matériellement possible. Mais à l'égard des tiers, il n'y a pas pour cela *subrogation*. Ceux-là seulement qui auront un droit sur l'universalité et non-seulement sur tel

1. De la subrogation réelle, par M. J. Flach, doct. en droit, 1870.

2. 30 p. D. De adq. vel amitt. poss.; 2, 6 Pro empt. 41, 4.
Si fundum emi, et ampliores fines possessi sint, totum longo tempore capi: quoniam *universitas* ejus possidetur, non singulæ partes.

3. 1, 4, 2, 3, 23 § 5. De rei vind.; 70, 3. De usuf. etc.

4. L. 76 D. De judiciis, 5. 1.

objet pris en particulier, pourront invoquer la subrogation [1]. Cette fiction n'a pas lieu au contraire pour ceux qui n'ont de droits que sur les objets particuliers, comme le gagiste.

A. — PATRIMOINE.

L'ensemble des biens d'une personne, en comprenant ce mot *biens* dans le sens le plus large, forme son *patrimoine*. La distinction qui sépare ces biens de tous ceux des étrangers est simple et jusqu'à un certain point naturelle, tandis que pour certaines autres *universitates*, qui ne sont que des décompositions du patrimoine, elle est tout à fait arbitraire. Ainsi en est-il du pécule et de la dot. L'hérédité n'est qu'une forme particulière, une manière d'être du patrimoine.

Cet ensemble comprend non-seulement les choses, mais aussi les obligations actives et passives, et il se peut que ces dernières le réduisent à une valeur parfaitement négative.

En cas de transmission (et c'est alors ce qu'on appelle un mode de transmission à titre universel, *in universum jus)* l'acquéreur succède non-seulement aux propriétés, mais aux dettes, en vertu du principe : *bona non sunt nisi deducto œre alieno.*

L'hérédité, l'abrogation, la *manus*, l'*addictio libertatum servandarum causâ*, la *bonorum venditio*, le sénatus-consulte claudien, sont des modes d'acquisition à titre universel.

1. 34 D. De pign. et hyp. 20, 1.

Il y a donc là une idée d'ensemble parfaitement caractérisée.

Mais nous sommes loin des personnes morales. Par cela seul que nous parlons d'un patrimoine, nous lui supposons un maître, une personne réelle sur la tête duquel il repose. Dès lors, point d'être fictif à créer.

B. — PÉCULE.

Le pécule donné à un esclave est une universalité détachée du patrimoine : c'est un patrimoine restreint, concédé à l'esclave, au fils, à titre précaire, ou attribué au fils de famille par la loi elle-même. Au point de vue qui nous occupe, il doit être assimilé au patrimoine [5].

C. — DOT.

De même que le pécule, la dot est une part du patrimoine, qui en est séparée, et entre dans un autre. Mais elle ne se confond pas avec lui : elle se transforme, diminue ou augmente naturellement, puis quelquefois doit être rendue dans son intégrité. Mais ce n'est nullement là une personne morale ; c'est une *universitas rerum*.

D. — HÉRÉDITÉ.

En ce qui concerne l'hérédité, l'hérédité jacente s'entend, la question est plus délicate et très-controversée. D'après les uns, on devrait y voir une personne juridique parfaitement reconnaissable; d'après les autres, au contraire, il n'y a qu'une fiction amenée

5. 20. Inst. De legatis, etc. — 40 D. De peculio 15, 1.

par les besoins de la pratique, et qu'il faut restreindre aux nécessités pour lesquelles elle a été créée.

Il est certain que la position de l'hérédité jacente a quelque chose d'étrange. Le principe romain en matière d'acquisition de succession, laisse de fait l'hérédité sans maître pendant tout l'espace qui s'écoule entre la mort du *de cujus* et l'adition. Et cependant, comme cette adition est rétroactive [1], il y a un héritier; seulement il est inconnu.

Au point de vue théorique, c'est cette situation-là qui est la vraie. En pratique, au contraire, on suppose le défunt encore vivant et maître de son patrimoine [2]. Au moyen de cette fiction, on peut apprécier immédiatement la validité de certains actes, qui, autrement, resteraient en suspens jusqu'à l'adition. Ainsi la mancipation, la stipulation, l'institution d'hérédité [3] au profit d'un esclave exigent la capacité chez le maître.

Le défunt étant Romain, on sait dès lors immédiatement qu'une institution d'héritier, par exemple, faite au profit d'un esclave de sa succession est valable; tandis que son héritier peut être un *intestabilis* ou même un pérégrin [4].

Il y a en pareil cas acquisition immédiate à la succession. Il semble dès lors que cette succession, qui peut acquérir, quoique sans maître, est une personne

1. 54 D. De adq. vel omitt. her. 29, 2. — 138 pr. et 193 De reg. juris, 50, 17.

2. 2. Inst. De her. inst. II 14; — 34 D. De adq. res. dom. 41, 1. — pr. J. De stip. serv. III, 17. — Non obstat 1. 24 D. De novat. 46, 2. (Leçon de Florence). La vulgate lit personam illius cujus au lieu de cujus.

3. 31 pr. D. De her. inst. 28, 5.

4. Cf 13, 2 D. De test. mil. 29, 1.

morale. L'hérédité, disent certains textes, doit être considérée jusqu'à un certain point comme une personne [1]. Et Florentinus explique jusqu'à quel point : *Hereditas personæ vice fungitur, sicuti municipium, et decuria, et societas.* Une foule de textes donnent la même solution [2].

En effet, du moment que la succession jacente, qui en définitive, est sans maître, peut acquérir créance ou propriété, elle participe de la nature des personnes morales. Ce n'est qu'une fiction, dit-on [3]. Sans doute; mais toute personne juridique est nécessairement une fiction.

Cependant, ici, la création de cet être fictif n'a pas été sans difficulté, et l'hérédité n'est qu'une personne morale hybride et incomplète. En réalité, il est vrai qu'elle n'a été créée que pour les besoins de la pratique. Aussi sa personnalité ne s'est-elle guère étendue.

Cependant elle peut acquérir non-seulement par mancipation, mais même dans des cas où la fiction ne serait pas nécessaire ; ainsi par l'intermédiaire de ses esclaves au moyen d'un simple contrat de bonne foi [4]. Quelquefois le principe s'applique même indépendamment de la présence d'esclaves [5].

Avant Justinien, l'héritier pérégrin ne pouvait continuer l'usucapion commencée par le de cujus. L'hérédité jacente, au contraire, peut la continuer [6]. C'est

1. Pr. Inst. De stip. serv. III, 7 ; — 15 p. De usurp. et usuc. 41, 3.
2. Savigny, System., II, § C II, (note p).
3. Sav. eod.
4. 33, 2 D. De adq. rer. dom. 41, 1 ; — 29 De capt. 49, 15, etc
5. 22 D. De fidejuss. 46, 1. — 13, 5 D. Quod. vi. 44, 24.
6. 31, 5 ; 40; 44, 3. De usurp. 41, 3.

une exception toute particulière à la règle d'après laquelle il faut pour posséder, l'intention, l'*animus*.

A ces divers points de vue, l'hérédité paraît être une personne morale. Mais sa capacité est singulièrement restreinte.

Ainsi, quoique l'esclave héréditaire puisse être institué lui-même, il ne peut faire adition sans l'ordre de l'héritier, lorsque celui-ci aura acquis la succession principale. Et même l'usufruit légué à l'esclave ne voit son *dies cedens* arriver qu'à l'adition[1]. Il en est de même des stipulations qu'il contracte. La validité en est subordonnée à l'adition d'hérédité.

De même encore, on a admis que les personnes morales pouvaient posséder ; et en effet, il y a dans toute personne morale, même dans toute fondation, quelqu'un qui a pour le vrai propriétaire l'*animus* et le *corpus*. L'hérédité n'est pas admise au même bénéfice. Elle ne jouit point dès lors, en cas de vol de choses héréditaires, de l'action *furti*. On a inventé pour ce cas une poursuite particulière, le *crimen expilatæ hereditatis*[2].

L'ombre de personnalité accordée à l'hérédité est si bien créée uniquement pour répondre aux besoins de la pratique, que la succession jacente n'est représentée, en principe, par personne. Dans les cas où des mesures de conservation seraient jugées nécessaires, on nomme un curateur.

1. 1, 2. D. Quando diu usufr. 16, 1 Quando lég.

2. D. 47, 19 ; — 68, 69, 70 De furtis 47, 2 ; 15, 14 eod.

IIe PARTIE.

DROITS DES PERSONNES MORALES.

I. CARACTÈRE. MANIFESTATIONS DE VOLONTÉ. REPRÉSENTATION.

La personne morale se meut dans l'ordre de droit privé, comme une personne physique, en tout ce qui n'est pas contraire à la règle de son institution, ou à sa constitution essentielle.

Mais c'est un être fictif, sans existence réelle, dont pourtant la vie fictive est plus longue que la vie ordinaire. Le plus souvent, elle n'a pas de limites ; rarement une personne morale périt autrement que de mort violente. Elle est tuée, soit par les membres même de la corporation, soit par le souverain obéissant à un mobile quelconque qualifié de raison d'État.

Pendant qu'elle subsiste, elle reste la même malgré les changements qui s'opèrent dans sa composition intérieure. C'est toujours la même raison sociale, la même corporation, le même collége avec lequel on a eu des rapports de droit [1], malgré le changement intégral des membres qui la composent.

La personne morale est donc très-distincte de ses membres : *Universitas distat a singulis.*

1. 7, 2 D. Quod cujusc. univ. 3, 4.

Elle diffère en cela de la communauté, avec laquelle elle a, du reste, plus d'un point de contact.

La communauté, en effet, est, en un certain sens, un être moral, formé de l'ensemble des droits de plusieurs personnes. Mais en définitive, ce n'est là qu'un assemblage de droits, et non un être juridique nouveau. La personne morale, au contraire, est un sujet tout nouveau des rapports de droit, ayant des droits et des obligations distinctes des droits et des obligations de chaque associé.

En conséquence de cette différence essentielle, une communauté exige toujours l'existence de personnes entre lesquelles elle s'établit. — Une personne morale, au contraire, peut complétement manquer de cette base.

D'un autre côté, les membres d'une personne morale n'ont qu'une créance sur elle, pour leur part dans le fonds social. Ils ne peuvent en disposer que comme ils pourraient le faire d'une créance; et cette créance étant mobilière, il en suit une série de conséquences qu'il est inutile de développer.

Chacun des membres d'une personne morale ne peut compenser ce qu'il doit personnellement à un débiteur de la société, avec ce qui lui revient dans la créance que la société a contre ce débiteur; pas plus que je ne puis compenser ce que je dois avec ce qui est dû à mon voisin.

Enfin, les biens composant le fonds social sont le gage exclusif des créanciers de la personne morale, qui, par conséquent, sont payés, sur ce fonds, de préférence aux créanciers personnels de chaque associé.

Comme être fictif, elle n'a point, en réalité, de conscience, de volonté. Elle ne saurait délibérer, prendre une décision, manifester sa volonté.

De même, il lui est impossible de se livrer à un acte matériel quelconque, appréhension, possession, tradition. Les actes des membres de la corporation ne doivent pas être attribués à cette dernière; car la personne morale est essentiellement distincte des membres qui la composent. *Universitas distat a singulis.* Ce principe sera mieux mis en lumière quand nous en viendrons aux applications spéciales.

Quelle peut donc être la vie juridique de cet être infirme, privé de faculté, qu'on appelle une personne morale ?

Dans l'ordre du droit privé, il est indispensable qu'une personne possède, d'un côté la conscience, l'*animus*, de l'autre, la faculté des actes matériels.

En droit romain notamment, ces deux éléments se rencontrent dans presque tous les actes juridiques. La mancipation, l'usucapion, les contrats réels ou verbaux, les procès fictifs ou sérieux en exigent la réunion.

Comment arriver à résoudre cette difficulté et à donner aux personnes morales des facultés qui leur manquent essentiellement?

Les impubères sont dans la même position en ce qui concerne le plus intellectuel de ces éléments, l'*animus*. Eux aussi ne peuvent vouloir, consentir tel ou tel acte.

Le remède à leur impuissance consiste dans la représentation.

Elle a lieu de deux façons : dans des cas spéciaux, quand le mineur acquiert par l'intermédiaire de ses esclaves ; d'une manière générale, lorsqu'il est représenté par son tuteur.

Ces deux faces de la représentation se reproduisent pour la personne morale comme pour le mineur ; et en effet leur situation est très-analogue. Dans un cas comme dans l'autre, le sujet des rapports de droit est inconscient, inerte par lui-même, et ne peut agir qu'en se faisant remplacer par d'autres qui agissent en son nom.

La représentation par les esclaves ou les hommes *in mancipii causa* était la seule que permît l'ancien droit romain. Elle était restreinte dans des limites très-étroites, car elle ne pouvait avoir lieu que pour l'acquisition, soit d'une propriété, soit d'une créance; tandis que l'obligation, le contrat commutatif étaient interdits aux esclaves[1]. Cette représentation ne permettait donc que l'exécution des détails, et non les actes les plus importants, les plus nombreux du droit[2].

Ainsi, sous le régime des *legis actiones,* aucun procès, ni aucune représentation en justice n'étaient possibles pour les personnes morales, l'Etat excepté[3]. Or, que peuvent être des droits actifs ou passifs, quand ils sont privés de sanction? Sous le système formulaire, on arrive à la représentation par les stipulations *judicatum solvi et ratam rem habiturum.* Mais la base de ce détour juridique consiste dans la possibilité

1. Gaius II, 86—96 ; III, 163—167.
2. Sav. 2. Syst., § 96.
3. Gaius Comm. IV, 82.

pour le représentant de poursuivre le représenté en vertu du mandat qu'il a reçu de lui. Les personnes morales n'auraient pu ni donner mandat pour se faire représenter, ni être poursuivies par leur mandataire, sans qu'elles fussent couvertes par un nouveau représentant. On arrive donc à une impossibilité complète. Or une personne morale qui ne peut ester en justice n'est pas une personne morale.

Mommsen, qui fait ce raisonnement fort juste, en conclut que pendant longtemps, il n'y eut point de personnes morales à Rome, le peuple excepté, car de lui découle tout droit, et il ne peut être soumis à aucune entrave[1].

Si le rigorisme étroit de l'ancienne doctrine ne pouvait se maintenir longtemps pour les particuliers, à plus forte raison ne pouvait-il continuer à enchaîner les personnes morales, à qui une large représentation est essentiellement nécessaire pour les divers actes du droit privé. Aussi le droit romain arriva bientôt à leur accorder une représentation générale.

Il importe à cet égard de distinguer, non entre les fondations et les corporations, comme l'ont fait plusieurs auteurs[2], mais entre les universitates *ordinatæ* et les *inordinatæ* :

A. Pour les premières, en effet, aucun doute ne saurait s'élever. Quand une constitution leur a été octroyée, ou qu'elles se la sont donnée, elles sont tenues

1. De Coll. et opif. Rom. p. 35. Persona enim non potest esse sine commercio, id est acquirendi obligandique potestas, quæ inanis est sublata vindicatione et conductione.

2. Zachariæ, Haubold, Thibaut.

de s'y conformer. Les magistrats désignés pour représenter l'*universitas* agiront en son nom, et se renfermeront chacun dans ses attributions. En règle générale, ces chefs seront les mêmes qui représenteront l'universitas dans l'ordre politique et administratif.

Ainsi les villes, dont les jurisconsultes romains parlent le plus souvent, sont régies par leur sénat (ordo ou curia), et divers magistrats[1].

L'ordo est le pouvoir ordinaire. C'est ordinairement lui qui nomme les fonctionnaires. Il ne peut délibérer que lorsque les deux tiers au moins de ses membres sont réunis[2]. La décision se prend à la majorité des membres présents[3].

Evidemment nous n'essaierons pas ici d'énumérer toutes les règles diverses auxquelles était soumise en fait la constitution de telle ou telle personne morale. Il n'y a à cet égard aucune règle générale.

Avant de passer à la seconde branche de notre distinction, il y a à faire une remarque fort simple, mais aussi fort importante, c'est que les *universitates ordinatæ* restent *inordinatæ* pour les décisions qui excèdent les pouvoirs donnés à leurs chefs. Ainsi une corporation d'artisans ne donne jamais à ses administrateurs le pouvoir de dissoudre la société. A ce point de vue, elle reste *inordinata,* et ses décisions sont régies par les règles qui vont suivre.

1. Cf. p. 1 ; p.
2. 46 C. De Decur. 10, 31.
3. Contra Lotz. Cet auteur exige à tort la majorité de tous les membres. Les ll. 19 ad munic. 50, 1 ; 2, 3 C. De præd. dec. 10, 33 ; 19 p. De tut. et curat. 26, 5, doivent s'interpréter au moyen de la l. 46 C. De Decur., 10, 31.

B. Lorsque la constitution d'une personne morale, d'une corporation, d'un collége n'est pas déterminée, l'universitas est *inordinata*. Quel est alors le représentant de la commune?—On répond ordinairement: c'est l'ensemble, la totalité des membres de la corporation. Et comme l'unanimité est sinon impossible, du moins fort difficile à obtenir, il suffira de la majorité[1].

Cette réponse n'est pas exacte en pure théorie. Les membres de la corporation ne sont pas, en définitive, la corporation elle-même; et leur consentement même unanime n'est pas celui de l'être moral. Si cette observation peut paraître trop rigoureusement théorique en ce qui concerne les sociétés industrielles, dont la durée est limitée, elle a une certaine importance pratique pour les différents *corpora* qui ont une *causa perpetua*. Il faut tenir compte dans ce dernier cas de l'intérêt de l'avenir, qui peut être en opposition avec celui du présent. Or ce dernier seul est représenté par les membres actuels[2]. Aussi, dans les questions vitales de l'association, il y a souvent lieu à intervention de la part du pouvoir.

La majorité indispensable pour prendre une décision sera la majorité de tous les membres du collége. Elle seule peut efficacement remplacer l'unanimité. — Thibaut[3] et plusieurs auteurs proposent d'exiger la présence des deux tiers des membres, et la majorité de ceux qui sont présents. Cette règle est copiée de

1. 160, 1 D. De reg. j. 50, 17. Refertur ad universos, quod publice fit per majorem partem; 3 C. De vend. 11, 31.

2. Sav. traité de d. r. II, § 97.

3. Sav. eodem.

celle qui régit les assemblées de décurions. Mais l'assimilation est inadmissible, l'analogie faisant complètement défaut. Le texte dont il s'agit ne parle que des communes; et du reste, les décurions y sont considérés non comme membres d'une personne morale, mais comme magistrats[1].

Du reste, si l'on comprend que la majorité puisse, en certains cas, remplacer l'unanimité, il n'est pas admissible que des décisions capitales soient prises par une simple majorité de membres présents, ne formant peut-être pas les deux cinquièmes du nombre total des membres du collége.

II. POUVOIRS.

Il est clair que dans les *universitates ordinatæ*, les pouvoirs respectifs des différents éléments du collége ; des diverses magistratures et du peuple, sont déterminés par la constitution elle-même. Au contraire, dans les *inordinatæ*, c'est à l'assemblée des membres qu'il appartient de tout régler. D'un autre côté, nous avons fait observer que les *universitates ordinatæ* sont *inordinatæ* pour tous les points qui n'ont pas été prévus, soit spécialement, soit généralement par leur constitution.

Il semble, au premier abord, que la totalité des membres de l'*universitas* ait un pouvoir illimité; et que toute décision prise, soit à l'unanimité, soit à la majorité quelle qu'elle soit, devienne une loi incontestable.

1. Pandektenrecht, § 132.

Et cependant dans toutes les *universitates*, en en exceptant les sociétés, la résolution adoptée même à l'unanimité peut léser des droits respectables, ceux de l'avenir. des générations suivantes. Une donation par exemple des biens sociaux diminue ou annihile leur futur patrimoine ; et il faut bien remarquer qu'en définitive le partage des communaux est une donation.

On compare souvent les corporations à des mineurs. La tutelle est exercée pour les *universitates ordinatæ* par leurs magistrats ; pour les autres, par les membres de la corporation. Mais, les mineurs deviendront un jour majeurs, ce qui retient le tuteur sur la pente des empiétemens. Le mineur a des parents qui prennent la défense de ses intérêts ; la loi elle-même le protège[1]. Au contraire, la personne morale ne peut se défendre, ni maintenant ni plus tard ; on pourrait l'immoler sans défense.

Les jurisconsultes ont donc cherché à limiter les pouvoirs des membres présens, et à classer différemment les divers actes de la personne morale.

La dissolution, le changement des statuts, l'imposition de contributions, la donation, le partage des biens de communauté, les procès sont des actes fort graves, qui peuvent influer très-considérablement sur le sort du *corpus*. Il serait regrettable de voir les membres actuels trancher sans contrôle ces différentes questions.

Et cependant, en fait, quoiqu'ils ne soient que tuteurs, ils sont seuls maîtres. L'avenir n'a pas de re-

1. Ainsi, quand les intérêts du mineur sont opposés à ceux du tuteur, on nomme au premier un représentant spécial. Gaius I, 184, 3 Inst. I., 121.

présentants, sauf quelques cas assez rares, il n'y a point de bornes au pouvoir des membres présents, pourvu qu'ils se tiennent dans les limites de l'ordre public. Seulement l'aliénation des biens est quelquefois formellement défendue[1]; et d'un autre côté, la dissolution de la personne morale doit être subordonnée au consentement de l'État. Elle peut du reste avoir lieu par son ordre[2]. C'est une nécessité de défense publique.

Thibaut et Savigny[3], pour remédier à cette absence de règles générales sur le contrôle des actes des *universitates*, donnent à l'État un droit de surveillance considérable, qui revient à lui faire apprécier souverainement tous les actes un peu graves des corporations.

Ce pouvoir d'immixtion est certainement utile: on a beaucoup discuté sur le point de savoir s'il est désirable[4]. En fait, il est peu probable que les empereurs romains se soient privés d'exercer, là comme partout, leur absolu pouvoir.

III. VIE JURIDIQUE, ET DROITS DIVERS DES PERSONNES MORALES.

1° DROITS DE FAMILLE.

Si, en principe, on peut dire avec Voët[5] : « *Utuntur plerumque universitates privatorum jure, ac priva-*

1. 3 C. De vend. rer. civ. 11, 31.
2. 21 D. Quib. ususf. pass. VII, 4.
3. Syst., § 100.
4. Fiévée, Corr. polit. et admin., lettre 1e.
5. Ad. tit. D. 3, 4.

torum loco habentur, » il n'en est pas ainsi pour les droits de famille : La nature même de la personne morale semble exclure l'idée de la famille : un être fictif ne saurait avoir de parenté.

Mais il y a, comme le dit Savigny, certaines extensions artificielles de la famille qui ont pour objet le droit des biens. En pareil cas, l'incapacité naturelle de la personne morale n'existe plus ; et c'est en ce sens qu'elle peut être le sujet de certains droits de famille. Ainsi en est-il du patronage.

Entre autres propriétés, les personnes morales peuvent avoir des esclaves, et les affranchir. Ce dernier droit est formellement accordé aux villes d'Italie par une *lex vectibulici* [1] rendue sous Trajan [2] ; aux villes de province par un sénatusconsulte d'Adrien ; aux colléges par Marc-Aurèle [3]. Un texte souvent cité de Varron semble pourtant établir qu'avant Trajan déjà, les personnes juridiques pouvaient affranchir leurs esclaves [4].

Les chefs des personnes juridiques les représentent en matière d'affranchissement comme ailleurs. Les esclaves publics ne pouvaient être affranchis sans le consentement du gouverneur de la province [5].

Il est clair que l'affranchissement opéré par un seul membre de la communauté n'aurait aucun effet, pas

1. 3, C. De servis reip. 7. 9.

2. Eod.

3. 1, 2 De manum. quæ. servis, 40, 3.

4. Habent plerique libertini (nomina) a municipia manumissi ; in quo ut societatum et fanorum, servi non servarunt pro portione rationem (Varro, De lingua latina, lib. VIII, C. 41).

5. L. L. 1 et 2. C. De serv. reip. manum. 7, 9.

même celui de l'accroissement; car la propriété de l'esclave repose non sur tous les membres, mais sur l'être moral.

De même les droits de patronage appartiennent à la personne morale. La *venia edicti* n'est nécessaire que lorsque l'affranchi plaide contre elle [1]; à elle appartiennent des droits sur la succession de l'affranchi.

Le colonat est aussi une institution qui donne à un maître une autorité personnelle sur des subordonnés. Les personnes morales doivent pouvoir l'acquérir.

Mais tous les autres droits de famille leur sont fermés. Ainsi quand nous voyons la tutelle des orphelins d'un hospice donnée aux administrateurs, ce sont eux personnellement qui en sont chargés, et non la personne morale.

2° POSSESSION.

La possession se compose de deux éléments: le *corpus* et *l'animus*; l'appréhension et l'intention.

La personne morale, institution fictive, est-elle capable de posséder, quoique la possession ne soit en définitive qu'un fait?

Les anciens jurisconsultes étaient divisés sur ce point. Le second Nerva pensait que les esclaves pouvaient exercer la possession au nom des personnes morales dans les limites de leur pécule. L'opinion contraire répondait qu'il faudrait pour cela que les

1. L. 6, 1 D. De div. rer.; — L. 10. 4 De in jus vocando

personnes morales eussent elles mêmes la possession de leurs esclaves, ce qui n'est pas [1].

Mais Ulpien déjà nous donne comme une règle généralement adoptée de son temps, l'admission des municipes à la possession [2]. Il n'y a pas de raison pour que les autres personnes juridiques n'aient pas reçu le même privilége.

Privilége, disons-nous, dans les deux cas, que la possession soit acquise par un esclave ou par les représentants libres de la personne morale.

En effet, à moins que l'esclave n'agisse *peculiariter* [3], l'acquisition de la possession exige en général l'*animus* chez le maître [4], sans qu'il puisse en aucune façon se faire représenter pour cela. Or la personne morale est incapable d'animus. Donc, dérogation aux règles générales.

Il en est pour la représentation *per liberam personam* comme pour la représentation *per servos*. En théorie l'*animus* doit exister chez le maître, qui est ici un être fictif, incapable de volonté [5].

Savigny pense que l'antique controverse n'a pas eu d'influence sur la pratique. « Autrement on ne saurait expliquer pour les personnes juridiques, l'acquisition d'un droit de propriété quelconque, d'après les prin-

1. 22, D. De adq. vel amit. poss. 41, 2. Municipes per se nihil possidere possunt, quia uni (alias universi) consentire non possunt....quoniam ipsos servos non possideant.

2. 2. D. eod. — Cf. Savigny, Traité de la possession § 22 et 26 f.

3. 1, 5. D. De adq. vel amitt. poss., 41, 2, 4, 44, 1; — 24; — 3, 12, eod.

4. Ignoranti possessio non adquiritur. — Paul, sent. V, 2, 1; — 5, 12. D. De adq. poss.

5. Outre ces deux exceptions, à la règle (corporations et pécules); il faut citer l'acquisition par un tuteur.

cipes de l'ancien droit. Sans doute elles acquéraient par leurs esclaves; mais comment arriveraient-elles à la propriété du premier esclave[1]? » En effet, en refusant aux personnes morales la possession, on leur ferme du même coup les modes les plus pratiques d'acquérir, la tradition et l'usucapion.

L'auteur pense donc que la faculté de posséder a toujours été reconnue de fait aux personnes morales. Et il explique très-naturellement le développement de cette tolérance. Il était à désirer qu'on arrivât à admettre la possession : les besoins de la pratique l'exigeaient impérieusement; on admit que les chefs de la personne morale, qui la représentaient pour toute autre chose, la représenteraient également pour la possession; qu'ils étaient la personne morale elle-même; que dès lors il suffisait de leur *animus*, sans exiger celui de la personne morale impossible à produire[2].

La constitution de l'an 226, de Sévère et Caracalla, ne paraît pas avoir changé l'état de choses antérieur, relativement aux personnes morales[3].

3° PROPRIÉTÉ.

La faculté d'être propriétaire est essentielle aux personnes morales. Sans elle, leur vie juridique serait non-seulement boîteuse, mais impossible.

1. Savigny, Traité de d. r, II, § XCI.
2. Savigny, eod; — Contra, Warnkœnig; — Maisonabe, Thèse de doctorat, Paris, 1865.
3. 1, C. De acq. et ret. poss. 7, 32. — Cf. 13 pr. de acq. rer. do. 41, 1. — Cf 5, Inst. Per quos pers. 11, 6, D. De pig. et act.

Le principe est reconnu dans le premier texte du titre Quod cuj. univ. au Digeste [1].

Mais il ne faudrait pas se tromper aux mots *communes, communem*, qui se trouvent employés dans cette loi. En réalité, les biens de la personne juridique n'appartiennent pas à ses membres, ne sont pas communs. Ainsi l'esclave d'une corporation peut déposer criminellement contre un membre de cette corporation[2], car cet individu n'est pas son maître; et la règle romaine défend seulement qu'un esclave soit mis à la torture contre son maître ou ses maîtres[3].

Les biens directement consacrés au culte, n'appartenaient ni aux pontifes ni à leurs colléges; ils étaient, par le fait de la consécration, mis hors du commerce. Nous avons déjà parlé dans notre exposé historique de cet état particulier de certains biens.

Indépendamment de ces biens paralysés par la consécration, les personnes morales pouvaient avoir toutes sortes de propriétés, mobilières ou immobilières. Elles avaient aussi des esclaves; et les *servi publici* jouent un certain rôle dans le droit romain.

En ce qui concerne l'acquisition de la propriété, il importe d'examiner en peu de mots chacun des modes admis par le droit.

Parmi les modes du droit des gens, l'occupation et la tradition; parmi ceux du droit civil, l'usucapion, sont basées sur le droit de posséder. Du jour où il fut admis que la possession était à la portée des personnes

1. L. 1 D. Quod cuj. u. 3, 4.
2. l, 7. D. De quæst. 48, 18.
3. C. 1. D. De div. rerum.

morales, elles purent acquérir par ces trois modes. Nous renvoyons au § précédent pour ce qui concerne la possession qui leur sert de fondement. Disons seulement que la possession, quoique acquise *ignoranti domino*, ne peut commencer utilement, pour l'usucapion ou pour l'acquisition plus rapide des deux autres modes, que lorsque l'intention, l'animus vient à exister chez les représentants de la personne morale[1].

L'accession, troisième mode d'acquérir *juris gentium*, est évidemment à la portée des personnes juridiques, une fois qu'elles ont déjà des biens qui rendent l'accession matériellement possible.

Les modes d'acquérir *lege* se lient à la matière des successions, dont nous avons fait un chapitre particulier.

L'adjudication peut donner la propriété à la personne morale. Elle peut en effet exercer les actions *finium regundorum*, *communi dividundo* et *familiæ erciscundæ*.

La mancipation était la seule voie générale ouverte aux personnes juridiques avant que la faculté de posséder, par conséquent d'usucaper, et d'acquérir par tradition leur fût reconnue. Encore ce mode ne s'appliquait-il qu'aux *res mancipi*. La représentation *per extraneas personas* étant du reste impossible dans les *actus legitimi*, les êtres moraux ne pouvaient figurer dans la mancipation que par l'intermédiaire d'un esclave[2].

1. 4, 20 De adq. rer. poss., 41, 2. — 1 C. De acq. et ret. poss. 7, 32. — Pauli Sent. V, II, 2.

2. 3 Inst. Per quas personas, II, 9.

Comment donc les personnes morales acquéraient-elles un premier esclave? — Il est probable que c'était par tradition. La possession, refusée en théorie aux personnes juridiques leur aura toujours été reconnue en fait, et aura permis, dès l'origine, d'acquérir par ce mode simple et naturel.

Sous Justinien, le règne de la tradition a passé du domaine de la simple pratique dans celui de la théorie: La vieille mancipation n'est plus qu'un souvenir.

Les biens des villes, des colléges, des églises, étaient administrés par leurs chefs, d'après les règles particulières de chaque communauté. — Quelques restrictions furent faites, dans l'intérêt public, au pouvoir d'aliénation. En 470, Léon et Anthémius défendent à l'autorité ecclésiastique de vendre les biens-fonds des églises et des établissements religieux. Il n'y a d'exception qu'en cas de nécessité ou d'utilité évidente (paiement des dettes, restauration de l'église), et avec certaines formalités [1].

Les biens de la curie sont aussi inaliénables, sauf le cas de motif grave [2].

Enfin, d'après une constitution de l'empereur Léon, la vente des biens appartenant aux villes n'est pas laissée, à l'arbitraire des magistrats municipaux. Il faut, à Constantinople, l'approbation du prince, en province, l'avis affirmé par serment, des décurions, et des principaux citoyens de la ville [3]. Il nous semble qu'avant la loi de Léon, il y avait pour les biens, non pas inalié-

1. 14 et 17 C. De 5, 3 ecclesii, 1, 2.; Nov. 120, ch. 6, 9 et 10.

2. 2 C. De præd. decurionum 10, 33.

3. 21 C. De vend. reb. civ. 11. 31.

complète, mais au contraire liberté entière. C'est ce que prouvent, à notre avis, plusieurs textes, qui parlent sans aucune restriction, de ventes de fonds appartenant à une ville[1]. La constitution des empereurs Marc-Aurèle et Vérus[2], invoquée en sens contraire, ne nous paraît pas probante. C'est un rescrit, qui n'énonce pas l'espèce pour laquelle on avait consulté l'autorité souveraine. D'un autre côté, comme l'ensemble de la constitution parle de la responsabilité des curateurs, et que l'attention n'est pas portée sur la question d'inaliénabilité, il peut être question, soit du domaine public de la commune, soit d'une aliénation faite par d'autres que les administrateurs.

Ce texte ne prouve qu'une chose : à savoir l'imprescriptibilité des biens communaux. Dès-lors on comprend parfaitement que la constitution rende les administrateurs responsables de leur négligence à revendiquer ces biens. Il est bien question au texte d'une vente, mais elle est faite a non domino. Une constitution de Valentinien, Théodose et Arcadius parle de la même hypothèse : « *Universas terras, quæ a colonis, sive emphyteuticariis, dominici juris, Reipublicæ, vel juris sacrorum templorum, in qualibet provincia venditæ, vel ullo alio pacto alienatæ sunt, ab his qui perperam et contra leges eas detinent, nulla longi temporis præscriptione officiente, jubemus restitui*[3].

1. 21, 7. D. Ad municipalem, 50, 1 ; — 1 C. De vendendis rebus civitatis, 11, 31.
2. 9, 2 D. De adm. rerum ad civ. pert. 50, 8.
3. 2 C. N. rei dominicæ, 7, 38.

En général, les personnes morales dont l'existence et la prospérité se lient à l'intérêt public, ne peuvent perdre leurs biens par prescription ou usucapion. Ainsi les biens des églises[1], du fisc[2], le domaine public de l'Etat[3], le domaine privé[4] du prince, sont imprescriptibles[5].

On peut diviser le domaine privé de toute personne morale en deux classes : les biens laissés à l'usage de tous, et ceux que se réserve la corporation, soit pour les exploiter elle-même, soit pour les affermer à des particuliers.

Quand on emploie ce dernier mode de mise en valeur, les baux sont ordinairement très-longs, comme pour les agri vertigales des villes. On arrive ainsi au contrat d'emphytéose, très-employé par les personnes morales, à qui les longs baux sont profitables. Nous ne faisons que rappeler ici la constitution de Zénon qui déclare l'emphytéose un contrat sui generis.

4° SERVITUDES.

Parmi toutes les servitudes soit réelles, soit personnelles, l'usage est la seule qui ne soit pas rigoureusement à la portée des personnes morales.

L'*usus* en effet est un droit propre à l'usager, qui ne saurait être représenté dans sa jouissance. Cependant on comprendrait que le droit romain, qui s'est

1. Eod.
2. 9 Inst. De usucap. II, 6.
3. 9 D. De usurp. et act. 41, 3.
4. 1, 2, 3 c. Ne rei dominis, 71, 38.
5. 1 C. De jure emphyt. 4, 66.

départi peu à peu de la rigueur des principes concernant le droit d'usage [1], fût arrivé à le reconnaître au profit des personnes morales.

Les autres servitudes personnelles, les operæ servorum et l'usufruit rentrent parfaitement dans la catégorie des droits que peut acquérir la personne juridique. Mais, la *mancipatio* et l'*in jure cessio* étant toutes deux impossibles, la première objectivement, la seconde subjectivement, elle ne pouvait les acquérir, directement du moins, que par legs ou par adjudication. Mais le droit prétorien est plus large et, admet pour l'usufruit une quasi-possession et une quasi-tradition [2].

Enfin, d'après une opinion fort controversée, Justinien aurait permis de constituer l'usufruit par contrat [3].

Il faut que la loi mette un terme à l'usufruit établi au profit d'une personne morale; autrement la nue-propriété ne serait d'aucune valeur. Le droit romain choisit la plus longue durée de la vie humaine, cent ans. Ce n'est du reste là qu'une protection prétorienne[4].

L'usufruit cesse par les causes ordinaires d'extinction, à l'exception de la mort et de la *capitis deminutio* de l'usufruitier. Cependant il faudrait assimiler à la mort, la dissolution de la personne morale[5]; ainsi pour une ville, *si aratrum in eam inducatur, sicut passa est Carthago.*

1. Inst. II, 5.
2. 90 et 91 Fr. Vat.; 11, 1 De publiciam., 6, 2.
3. 1 Inst. De usuf II, 4.
4. 56 D. De usuf. et quemadmodum, 7, 1; — 8 De usu et usuf. 33, 2; — Non obstat 68 pr. D. ad legem falcidiam, 35, 2.
5. 21 D. Quib. mod. usuf. am. 7, 4.

Les mêmes règles doivent être appliquées, *mutatis mutandis*, aux servitudes réelles, avec cette distinction, qu'on peut acquérir directement par mancipation les *jura prædiorum rusticorum*[3].

5° AUTRES DROITS RÉELS.

Rien ne s'oppose à ce que les personnes morales acquièrent le droit de superficie, celui de gage ou d'hypothèque. Il y a même des cas où la loi accorde par privilége à telle ou telle personne juridique une hypothèque légale. Le fisc est particulièrement favorisé à cet égard.

Enfin, quant à l'emphythéose, ce droit est ordinairement concédé par les villes, et non acquis par elles; mais nous ne voyons pas pourquoi une ville ne pourrait pas affermer pour longtemps les biens d'une autre ville par exemple et devenir emphytéote.

Une constitution de Justinien défend aux églises de concéder des emphytéoses perpétuelles : les biens ne doivent pouvoir passer que sur trois têtes successives.

6° SUCCESSIONS.

A. — *Hérédité ab intestat.*

Les personnes morales n'ayant pas de parenté, ne peuvent hériter de leur famille. Elles ont pourtant droit à certaines successions en l'absence de tout testament. Quant à leur propre succession, nécessairement *ab intestat*, nous en parlerons au chapitre de la dissolution.

3. Ulpien, Fr. 19, 1. — 12 D. De servit. 8, 1.

Les personnes morales héritent de leurs affranchis, comme tout patron, en l'absence d'héritiers siens[1].

La curie[2] hérite des biens de ses membres, s'il n'y a pas d'héritiers légaux ou testamentaires[3]. Même quand la succession est dévolue aux héritiers du sang, la curie a droit à un quart du patrimoine à titre de réserve. Les premières lois du titre *Quando et quibus quarta pars,* au Code règlent l'application de ce principe, et les exceptions qui y sont faites. Ces exceptions portent toutes sur le cas où les enfants qui héritent sont curiales. Le chiffre de la réserve curiale fut augmenté par Justinien.

D'autres corporations succèdent à leurs membres suivant des principes analogues. Ainsi en est-il des bateliers[4], des légionnaires[5], des ouvriers d'arsenaux[6].

D'après la dernière loi du titre *de hereditatibus decurionum*, la collation de ce privilége aurait surtout pour but de permettre aux corporations de faire face aux exigences du trésor public.

En cas de déshérence complète, tous biens quelconques étaient attribués au fisc[7]. Les lois Julia et Pappia Poppæa, modifiées par Caracalla lui donnent aussi le *jus caduca vindicandi*[8].

1. 2 D. De manumiss. quæ servis, 40, 3, pr. Un. D. De lib. univ. 38, 3. — Ulp. F. 27, 1.
2. 4 C. De hered. decurionum 6, 62.
3. eod. et seq.
4. 1. 1 eod.
5. 2 C. eod.
6. C. eod.
7. 2, 3 C. De her. dec.
8. Ulp. F. 17, 2.

Quant à la façon dont les personnes morales acquéraient la succession, le § suivant est applicable aux successions *ab intestat*, en supprimant, bien entendu, ce qui concerne la *cretio*.

B. — *Hérédités testamentaires.*

La personne juridique, et notamment la commune, la plus favorisée des personnes morales, peuvent-elles être instituées héritières? Ne sont-elles pas des *incertæ personæ,* frappées d'incapacité à ce point de vue ?

S'il en est ainsi, l'incapacité des personnes juridiques a dû disparaître sous Justinien [1].

Mais, en réalité, les personnes juridiques ne sont pas des personnes incertaines. En effet, le caractère auquel on reconnaît ces dernières, est celui-ci : *Le testateur n'a pu s'en faire une idée exacte.* Mais ce n'est pas le cas ici : « L'individualité de la personne juridique est rigoureusement déterminée, parfaitement connue du testateur, et à l'abri de tout changement fortuit [2]. » La composition seule de la personne morale est incertaine : *Certa persona incertum corpus habet.*

Le texte d'Ulpien qui a pu donner lieu à cette erreur [3], base en réalité sur une autre raison l'incapacité dont sont frappées en cette matière les personnes morales. Elles ne rentrent évidemment ni dans la classe des héritiers siens, ni dans celle des héritiers

1. 25 et 27 Inst. De legatis, II, 20.
2. Savigny, Traité de d. r. II, § XCIII.
3. Ulp. F. XXII, 5.

siens et nécessaires. Dès lors, l'hérédité ne leur est acquise que moyennant une manifestation de volonté : adition expresse ou tacite, crétion dans le cas où elle a été ordonnée par le testateur. Comment opérer cette manifestation de volonté ? La personnalité de l'être moral, « parfaitement présente à l'esprit du testateur, est toute collective, idéale. De là la même impossibilité matérielle de faire crétion ou adition d'hérédité que de posséder ; et, dans un acte de cette nature, aucune représentation, pas même celle du pupille par le tuteur, n'était admise [1]. »

En définitive, c'est là du formalisme. Cette rigueur de l'ancien droit romain s'est partout peu à peu émoussée. Ici, elle est, à peu de choses près, restée la même. C'est que sous l'application exacte des purs principes du droit, se cache l'idée politique, l'appréhension continuelle des despotes romains. Tout homme est plus facilement porté à disposer pour après sa mort qu'à se dépouiller de son vivant : On enlèvera dès lors aux corps tant redoutés le droit d'acquérir par succession ; on ne leur laissera d'autres ressources que les donations entre vifs, et les cotisations des membres.

Les exceptions faites à la règle sont peu importantes et ce n'est que sous les empereurs bysantins qu'on trouve une dérogation sérieuse en faveur des établissements religieux.

Une première brèche aux principes fut l'œuvre d'un sénatus-consulte dont on ne connaît pas le nom [2]. Il

1. Maisonabe, p. 105.
2. 1 I. un. D De lib. univ., 38, 3 ; — Ulp. Fr. XXII, 5.

fut dès lors permis aux communes de recueillir les successions testamentaires de leurs affranchis. C'était une conséquence directe de l'attribution qu'on leur avait faite de ces mêmes successions, quand elles étaient *ab intestat*. Plus tard, l'empereur Léon releva les communes de toute incapacité à l'égard des successions testamentaires, des legs et des fidéicommis[1]; et désormais les communes purent se faire représenter pour l'adition de même que les pupilles. La question de savoir si la loi de Léon n'a fait que reconnaître un droit admis avant lui déjà, ou si au contraire c'est là une complète innovation, est controversable. Malgré les textes antérieurs à la contitution que nous venons de citer et qui parlent des successions légitimes déférées aux communes[2], nous inclinons vers la seconde opinion.

Les autres personnes juridiques n'ont jamais été relevées de leur incapacité. Il n'y eut que des exceptions individuelles[3].

Ainsi le fisc jouit d'une autorisation générale tacite, car il est une forme du peuple, qui lui-même, étant le maître souverain, ne peut être soumis à aucune incapacité légale. Les curies, les églises catholiques depuis les empereurs chrétiens, peuvent recevoir par testament. En faveur des établissements religieux on dérogea même aux anciennes règles fondamentales du droit. Avant l'abrogation par Justinien des principes sur les personnes incertaines, on valida toutes les in-

1. 12 C. De hor. inst. 6, 24.
2. 66, 7 D. De legatis 2°; — 1, 15 Ad. sc. Treb.
3. 8. C. De her. inst.

stitutions pieuses, faites en faveur des pauvres, des captifs, etc [1].

Les villes, comme tout autre patron, avaient droit à une réserve légale sur la succession de leur affranchi, qui ne pouvait disposer par testament en faveur d'un étranger au-delà d'une certaine somme.

La *quarta pars* que nous avons vu attribuer à la curie dans la succession légitime, devient ici une réserve, dont on ne peut frustrer la communauté des curiales.

C. — *Fidéicommis universels.*

Avant l'an 469, date de la constitution de Léon, les communes étaient incapables d'acquérir directement une hérédité. Un sénatus-consulte leur permit d'éluder la règle au moyen des fidéicommis. La loi 26 D. Ad. sc. Treb. donne à ce sénatus-consulte le nom d'Apronien [2].

Mais aucun texte ne permet d'étendre l'Apronien aux colléges et autres personnes morales.

L'institution d'une ville, avec fidéicommis, donne lieu à une nouvelle application de la règle *universitas distat a singulis;* car la ville peut être chargée de rendre à un de ses citoyens. L'hypothèse réciproque peut aussi se présenter [3].

D. — *Bonorum possessio.*

La *bonorum possessio*, au point de vue de la représentation, a toujours été plus favorable que l'hé-

1. 24, 49 C. De episc. 1, 3; — 26 C. De Eccles. 1, 2.
2. (D. 36, 1). — L'un., § 1 D. De lib. univ. 38, 3; — Ulp. Fr. 22, 5.
3. 6, 4 Ad Sen. c. Treb. 36, 1.

rédité. En effet, on a longuement discuté s'il fallait admettre le tuteur à représenter le pupille en matière d'adition; tandis qu'on lui permit bientôt de demander au nom de l'impubère la *bonorum possessio*[1].

De même, les municipes ne peuvent opérer la manifestation de volonté, la demande, nécessaire à l'acquisition de la *bonorum possessio*[2]; cependant Ulpien leur accorde cette faveur, pourvu qu'elle soit demandée par un mandataire, ou même par une personne étrangère. *Sed etsi nemo petat, vel agnoverit bonorum possessio nomine municipii, habebit municipium bonorum possessionem prætoris edicto*[3].

Du reste, Ulpien ne restreint pas cette règle aux municipes; il l'applique à toutes les personnes morales.

Cependant il est à remarquer que la *bonorum possessio* ne paraît leur avoir été accordée qu'après l'Apronien et le sénatus-consulte relatif aux successions des affranchis; car le raisonnement d'Ulpien se base sur ces deux monuments législatifs pour appliquer par analogie la même solution à la *bonorum possessio*.

Mais quelle est la portée de cette décision du jurisconsulte, transformée en loi par le Digeste?

La généralité des termes employés semble indiquer qu'il n'y a aucune distinction à faire, et que la *bonorum possessio* est toujours ouverte aux personnes morales. Ce serait l'abrogation de l'ancien principe, qui ne permettait que rarement aux personnes morales d'acquérir une succession.

1. Expediendarum rerum gratia, 11 D. De auct. et cons. tut., 26, 8. — 7, 1 D. De bo. po., 37, 1.

2. Movet enim quia consentire non possunt. 1, D. De lib. univ. 38, 3.

3. 3, 4. D. De bon. poss. 37, 1.

Il serait possible qu'en pratique il en eût été ainsi, et que le préteur, porté à adoucir la sévérité du droit civil, eût reconnu en général aux personnes juridiques le droit de succession.

Mais les considérations de politique et de droit qui avaient fait établir le principe subsistaient encore du temps d'Ulpien. Ce jurisconsulte lui-même emploie des expressions qui écartent la possibilité d'une *bonorum possessio* générale[1]. D'un autre côté, on ne voit pas pourquoi l'empereur Léon aurait formellement, et par une constitution spéciale, écarté la prohibition, pour les villes, si de fait elle n'existait plus pour aucune personne morale.

Il faut donc décider que la *bonorum possessio* n'est donnée en général aux personnes juridiques que lorsqu'elle peut s'appuyer sur une vocation civile préexistante. Elle n'est en réalité que le corollaire de cette dernière. Dès lors, les textes où il est question de personnes morales, autres que les villes, et qui leur attribuent la *bonorum possessio*, doivent être entendus d'une succession d'affranchi. Le § 1 de la loi unique *D. de lib. univ*[2]. vient à l'appui de ce système, qui est celui de Savigny.

Parmi les *bonorum possessiones ab intestat*, les personnes morales ne peuvent avoir que celle *unde legitimi*, qui est donnée non-seulement aux agnats, mais *quotiescumque lex, vel senatus defert hereditatem*[3].

1. Nec heredes institui possunt.
2. 38. 3.
3. 3, D. Und. legitimi, 38, 7.

En effet, les personnes morales ne peuvent être ni héritiers siens, ni cognats, ni époux.

Dans le système qui accorde aux personnes morales la *bonorum possessio* même dans le cas où l'hérédité civile ne leur est pas déférée, cette *bonorum possessio* sera *uti ex legibus*.

Quand il y a un testament, la *bonorum possessio* sera le plus souvent *secundum tabulas*.

Celle *contra tabulas dimidiæ partis* est accordée par le préteur lorsque le *de cujus* est un affranchi, qui n'a pas laissé de *liberi naturales* non-exhérédés. On suit en ce cas les règles ordinaires en matière de succession d'affranchi, et les modifications *justiniennes* sont applicables.

D'après l'avis de Papinien, les délais de déchéance courent, pour une ville, du jour où les décurions ont pu se réunir pour délibérer[1].

E. — *Legs et fidéicommis particuliers.*

Les legs, comme l'institution d'hérédité furent longtemps hors de la portée des personnes morales. Savigny y voit une anomalie singulière : il n'y avait pas, dit-il, dans les formes du droit, d'obstacle à leur acquisition[2].

Dans tous les cas, il fallait pour cette acquisition, une manifestation de volonté, même pour le legs *per vindicationem*. Telle était du moins l'opinion des Proculiens, qui paraît l'avoir emporté[3].

1. 2. un. D. De lib. univ. 38, 3.
2. Traité de d. r. I, § XCIII.
3. Gaius Comm. II, 195 ; — Cf. 80 D. De leg 2° ; — 15 D. De rebus dubiis, 34, 5.

Quant aux autres legs, il paraît certain, d'après les termes généraux des textes qui ont abrogé la règle, qu'ils étaient aussi défendus. Certains auteurs pensent que le legs *per damnationem* était valable ; et ils citent à l'appui quelques legs faits anciennement au peuple romain [1].

Cette assimilation à l'hérédité fut détruite par l'empereur Nerva, pour ce qui concernait les communes. Un sénatusconsulte rendu sur la proposition d'Adrien leur permit d'acquérir par legs et organisa ce nouveau privilége des villes [2].

Pline le jeune écrivait pourtant sous Trajan : *nec heredem institui nec præcipere posse rempublicam constat* [3]. Comment expliquer la portée de ce texte, postérieur à l'innovation de Nerva, et qui pourtant semble refuser aux communes la capacité d'être légataires? Savigny l'interprète littéralement en ne l'entendant que du legs *per præceptionem*. Or ce mode de legs, qui est toujours l'accessoire d'une institution d'héritier, ne peut évidemment ici trouver son application, puisqu'il manquerait totalement de base.

Les villages, d'après un rescrit de Marc-Aurèle, purent aussi recevoir des legs [4].

Enfin Marc-Aurèle, par une innovation considérable conféra cette capacité à tous les colléges autorisés sans exception [5].

1. Dirksen.
2. Ulp. Fr. XXIV, 28; 117, 122, D. De leg. 1°, etc.
3. Plin. Epist. V. 7.
4. 73, 1, De leg. 1°.
5. 20, D. rebus dubiis, 34, 5. — 38, 2, De auro, 34, 2. — 20, 1, De annuis leg., 33, 1, etc.

Suivant en cela le principe rationnel qui a passé dans notre loi[1], les jurisconsultes romains cherchent toujours à interpréter les legs dans le sens où ils peuvent avoir un effet quelconque, dans le sens le plus large et le plus libéral.

Ainsi le legs fait à une partie de ville, mais *quod ad ornatum vel compendium reipublicæ spectat*, est validé par Ulpien[2]. On peut le donner à la commune, et en considérer la destination comme une modalité.

De même, quand un legs est fait à un *collegium* non autorisé, les termes de la disposition peuvent permettre de l'attribuer aux membres en particulier: *singulis; hi enim non quasi collegium, sed quasi certi homines admittentur ad legatum*[3].

Les colléges des Juifs, d'après la loi 1 C. *De Judæis*[4] sont incapables de recevoir par legs. Nous avons vu cependant qu'ils avaient été maintenus avec faveur.

Cujas explique la contradiction apparente de la loi 1 avec les autres textes, en disant que si ces colléges sont frappés d'incapacité, c'est uniquement comme établissements religieux en-dehors de l'Eglise catholique[5]. Il est peut-être plus naturel de penser que César a maintenu ces colléges comme associations, comme communautés, sans qu'en définitive il y ait là personne morale. De la part des empereurs chrétiens surtout, il dut n'y avoir qu'une simple tolérance.

Interprétant de la façon la plus naturelle et la plus

1. Art. 1157.
2. 32, 2, D. leg. 1.
3. 20. D. De reb. dub. 34, 5.
4. C. 1, 9.
5. Cuj. Obs. 7, 30.

utile l'intention du testateur, on donne à la ville le legs fait aux citoyens en général. *Cives* est synonyme de *civitas*.[1].

Les legs pieux comme les institutions d'héritiers du même genre reçoivent sous les empereurs chrétiens la plus large liberté. Les legs faits aux pauvres, aux captifs, quoique évidemment gratifiant des personnes incertaines, sont validés. Justinien dispensa même tous les legs pieux de la réduction falcidienne[2].

Un texte assez singulier du jurisconsulte Macer[3] dit que le calcul de la valeur de l'usufruit doit se faire comme s'il ne durait que trente ans, au lieu de cent, estimation que la loi accorde aux personnes morales. Est-ce, comme le pense M. Maisonabe[4], pour ne pas compliquer les calculs de la succession? Il nous semble qu'il y a plutôt là contradiction entre jurisconsultes d'époques différentes[5], contradiction dont les rédacteurs du Digeste ne se seront pas aperçus :

Quant aux modalités diverses que le testateur peut imposer à la personne morale légataire, nous nous contenterons d'indiquer les textes suivants :

Paul, 3, Regularum (122 p. De legatis 1°).

Marcien, 13 Inst. (117 D. eod.).

Valens, 2 Fidéicomm. (4 D. De adm. rer. 50, 8).

Callistrate, 2 De cognit. (7 pr. D. De op. publ. 50, 9).

1. 2, D. De reb. dub. 34, 5.
2. Nov. 131, C. 12. — Cf. 15, D. ad legem Falc. 35, 2.
3. 68, pr. Sic denique, D. Ad. legem Falcid., 35, 2.
4. p. 115.
5. Macer Cf. 1. 8, D. De usu et usuf. 33. 2. — 56 f. D. De usuf. et quemadm. 7, 1.

Tous ces textes supposent le legs d'une somme d'argent avec telle ou telle destination : ordinairement, c'est le *legatum in opus*. Le testateur peut faire autrement, et léguer à une ville, un monument qui n'est pas encore construit, mais que ses héritiers sont obligés d'élever. C'est alors une créance indivisible que la ville a sur eux; et cette indivisibilité reçoit son application, non-seulement en ce qui concerne l'exécution du legs, qu'on peut demander pour le tout à chacun des héritiers; mais relativement à l'application de la Falcidie. On suit du reste pour l'exécution de cette loi les règles ordinaires en matière d'indivisibilité : on estime le legs, et la ville paie la portion pour laquelle il aurait été réductible[1].

Fidéicommis. Les personnes morales, pouvant acquérir une hérédité par fidéicommis, ont la capacité de recevoir des fidéicommis, à titre singulier[2].

Elles peuvent du reste jouer soit le rôle de grevé, soit celui de bénéficiaire. Dans les deux cas, il n'y a pas de règles spéciales, et l'on suit les principes ordinaires.

7° OBLIGATIONS.

Source des obligations. 1° *Quasi contrats*. Il y a certains cas où, indépendamment de la volonté du sujet, il naît à son bénéfice et contre lui des obligations, qui découlent, soit de la loi, soit *quasi ex contractu*.

Ainsi, en cas d'indivision, de gestion d'affaires, etc.,

1. 80, 1, D. Ad leg. Falc.; 35, 2, 115, 23, 24, 25 D. De leg. 3.
2. 20, 1, D. De annuis leg., 33, 1; — 6, 2, D. De auro, arg. 34, 2.

on peut se trouver engagé, par les actions *communi dividundo, familiæ erciscundæ, negotiorum gestorum*, et autres, sans que le consentement du défendeur ait joué un rôle quelconque.

Les personnes morales sont à cet égard dans la même position que les particuliers. Celui qui aura spontanément géré leurs affaires devra être indemnisé de tous ses déboursés [1].

2° *Délits et quasi-délits.* — Les obligations résultant de cette source peuvent être acquises *activement* aux personnes morales. L'action de vol, par exemple, ne peut leur être déniée contre celui qui s'empare frauduleusement de leur propriété. Le vol de choses appartenant au trésor public ou à celui des villes prend le nom de péculat, et est puni de l'interdiction de l'eau et du feu, peine qui a succédé à la déportation[2]. Le *crimen residui* est une autre forme de péculat.

Quant aux obligations passives, la question de savoir si elles peuvent incomber aux personnes morales, dépend de la solution que nous donnerons à cette autre question : Les personnes morales peuvent-elles commettre des délits, ou des quasi-délits? Notre avis est dans le sens de la négative. En conséquence, il ne peut être question non plus des obligations qui se basent sur un fait illicite.

Cependant, lorsque l'esclave d'une personne morale a commis un délit, les actions noxales sont données contre la personne juridique [3].

1. 9, D. Quod cujusc. univ. 3, 4.
2. 1, 3, 4, pr , § 2, 3, 7, Ad legem Jul. de peculatu, 48, 13.
3. Savigny, T. d. d. r. II, § XCII. note d.

D'un autre côté, il en va des personnes morales comme des mineurs, qui ne peuvent commettre de délits, mais qui sont responsables de ceux de leur tuteur en tant qu'il leur a profité, à eux mineurs. L'action devient alors *rei persecutoria*, comme lorsque l'individu lésé agit contre les héritiers de l'auteur du délit.

Ainsi une ville ne peut commettre de dol ; elle n'est pas responsable du dol de ses administrateurs ; et cependant ce dol l'engage, si le produit en est entré dans la caisse de la commune, ou lui a profité de quelque manière que ce soit. L'action de dol est alors donnée non-seulement contre les auteurs du dol, mais contre la ville, *in quantum locupletior facta est* [1].

Il en serait de même de l'interdit *unde vi* [2], de l'action *furti*, de l'action *vi bonorum raptorum*, de l'action *metus causa* [3]. En-dehors du cas d'enrichissement, les coupables seuls peuvent être poursuivis.

Nous sommes amenés à dire dès maintenant deux mots du dol contractuel, qui exige une solution contraire à celle que nous venons de donner pour le dol délictuel. Qu'il s'agisse, en effet, de la formation du contrat, ou de son exécution, la ville, comme le particulier qui constitue mandataire, se fie à l'habileté et à la probité de son représentant. S'il commet un dol, le mandant en est responsable.

3° *Conventions*. — Tous les contrats, *re*, *verbis*, *litteris*, *consensu*, les pactes qui s'y ajoutent, les pactes

1. Ulpien, 15 D. De dolo malo, 4, 3. — Cf. 26 D. eod.
2. 4 D. De vi et vi armata.
3. 9, 3 D. Quod, metus causa, 4, 2.

légitimes ou prétoriens, sont à la portée des personnes morales. Il n'y a jamais eu de difficultés que relativement à la représentation.

Originairement, certains actes solennels, comme la stipulation, ne pouvaient se faire par l'intermédiaire d'un représentant. On avait cependant admis les esclaves à stipuler au nom de leurs maîtres ; par conséquent ils pouvaient le faire au nom d'une personne morale. Mais ils ne pouvaient obliger la personne juridique par stipulation que d'après les règles ordinaires, c'est-à-dire, dans les limites de leur pécule, ou de l'ordre qu'ils avaient reçu ; ou si l'obligation avait profité à la communauté, ou enfin dans le cas des actions *institutoria et exercitoria* [1].

Il est à remarquer que, dans le cas où l'esclave a reçu l'ordre de s'obliger, il y a eu en réalité une représentation, puisque l'ordre a été donné, non par la personne morale elle-même, incapable d'une pareille manifestation de volonté, mais par les administrateurs de la communauté, l'action *quod jussu utilis* sera donc seule donnée. Les actions *institutoria* et *tributoria* sont également basées sur une série d'ordres, ou sur un ordre général.

L'action tributoire, supposant un dol, ne peut être exercée contre la personne morale, à moins d'enrichissement [2].

Le droit classique admet pour les municipes la représentation complète ; la personne morale est censée avoir fait elle-même ce que font les administrateurs.

1. Inst. IV, 7.
2. 3, 1 D. trib. act. 144.

Les actes solennels admettent également cette représentation[1].

Il est probable que cette règle doit être appliquée non-seulement aux municipes, mais à toutes les personnes juridiques. Dans tous les cas, les mandataires, en stipulant n'acquièrent à la personne juridique que l'action utile.

Effet des obligations. — Les créances acquises par les personnes morales ont à l'égard des débiteurs les effets ordinaires. Nous n'avons à parler que des dettes de la personne juridique, et du cas particulier où l'universitas est une corporation, un collége.

Le principe qui domine est, là encore, la règle *Universitas distat a singulis*. La dette de la communauté n'est pas celle des membres[2], comme elle le serait en cas de simple association, sans création d'une personne morale. Et la réciproque est vraie : *Quod singuli debent, non debet universitas.*

Donc, l'administrateur poursuivi ne peut opposer la compensation, ni de son chef, ni de celui d'aucun des membres de la corporation.

Donc encore, les biens de la personne morale peuvent seuls être atteints par les créanciers de cette personne morale[3], et réciproquement. On ne peut obliger personne à payer les dettes d'un autre.

Ainsi, en s'obligeant pour le compte de la personne morale, les administrateurs n'obligent pas les biens des particuliers. Pour obtenir ce résultat, il faudrait

1. 10 D. Quod cujusc. univ. 3, 4.
2. 1 D. Quod cujusc. univ. 8, 4.
3. Grotius, De jure b. a. p. ; Carpsovius, Voët, 107.

que les membres de la corporation s'obligeassent en particulier, soit personnellement, soit hypothécairement. Ils sont libres de le faire ou de ne pas le faire: La majorité ne saurait leur imposer à ce titre un devoir[1].

Quand il y a eu un engagement semblable, de la part des membres du collége, Voët pense qu'ils sont tenus *in solidum*, parce que d'abord il serait trop dur pour le créancier d'avoir à diviser sa créance[2]; parce qu'ensuite, même en l'absence de tout engagement particulier, il faut bien que chacun contribue pour sa part à payer les dettes de son collége, et que s'il y a eu un engagement formel de contracté, cet engagement doit pour être utile, être interprété comme donnant une sûreté plus grande.

Nous croyons cette solution inexacte. Le créancier n'a jamais connu qu'un seul débiteur principal : l'*universitas*. S'il y a eu engagement des membres ils sont débiteurs conjoints.

Il est vrai que les fidéjusseurs sont en général tenus in *solidum*; mais ils jouissent du bénéfice de division[3]. D'un autre côté, la seconde raison donnée par Voët nous paraît peu exacte. L'*universitas* peut faire banqueroute, voir ses biens saisis et vendus, sans que le créancier ait rien à demander aux membres du collége, s'ils ne se sont pas formellement engagés. Si la communauté n'a pas d'autres ressources, et veut payer ses dettes, elle peut demander à ses membres une con-

1. In his quæ ad singulos pertinere debent, consensus majoris partis populi, non præjudicat.

2. Voët, Ad tit. quod cujc. univ.

3. 4 Inst. De fidej., 3, 20.

tribution; une cotisation au moyen de laquelle elle pourra se libérer : Elle ne peut le faire que si sa constitution lui en donne le droit.

8° ACTIONS.

La capacité, sans le droit d'ester en justice, par conséquent sans moyen d'exécution forcée, serait dérisoire.

Aussi les personnes morales peuvent paraître en justice au moyen de représentants, soit spéciaux, soit généraux. Les premiers prennent le nom d'*actores*, les seconds, celui de *syndici*.

L'actor est élu par la curie ou la communauté. Sa voix et celle de ses parents comptent dans la supputation des suffrages. Le tout, à moins de dispositions contraires dans la *lex municipii*, ou dans la coutume.

On nomme un actor, non seulement pour les procès, mais pour l'exécution des actes judiciaires : caution, etc[1].

Nous avons déjà dit que, la représentation étant impossible du temps des *legis actiones*, il n'y avait pas en réalité de personne morale. Le peuple romain, par exception, pouvait plaider par procureur.

Sous le système formulaire, on emploie deux sortes de représentants, les *cognitores* et les *procuratores*. Les premiers représentent parfaitement le plaideur ; mais leur constitution exige nécessairement la présence de ce dernier. La personne morale ne peut donc constituer qu'un *procurator*, qui doit, comme tout autre, fournir caution, et dont le nom ne figure que dans la *condem-*

1. 10 D. Quod cujc. univ., 3, 4.

natio, celui de la personne morale se trouvant dans l'*intentio*[1].

Enfin, dans le système extraordinaire, l'actor dont le mandat a été insinué *apud acta*, ne doit la caution *de rato* que *si de decreto dubitetur*[2]. Le défendeur doit toujours la caution *judicatum solvi*[3]. Il ne pourrait s'en affranchir que si le mandant promettait lui-même *judicatum solvi*. Mais, comme cette promesse contient en outre celle de venir au tribunal le jour du jugement, elle n'est pas à la portée des personnes morales[4].

Un étranger peut, en fournissant les cautions demandées, défendre au nom d'une *universitas*, comme au nom d'un particulier[5].

Quand la personne morale ne se présente pas et fait défaut, le préteur, par un premier décret, envoie l'adversaire en possession des biens de la communauté ; puis, si cet avis ne suffit pas, il déclare qu'il fera mettre les biens aux enchères[6]. S'il n'y a pas de biens corporels, on saisira les créances de la personne morale[7].

Dans le cas où le serment est déféré à une personne juridique, on suit la même règle que lorsque le serment lui a été imposé par testament, comme condition d'un legs : ce seront les magistrats qui le prêteront[8].

1. Gaius, IV, 16.
2. 6, 3 D. Quod cujusc. univ. 3, 4 ; — 3 Inst. De satisdat., 4, 11.
3. 5 Inst. eod.
4. 4 eod.
5. 6, 3 D. Quod cujusc. 4, 3.
6. 1, 2 D. Quod cujusc. univ. 3, 4.
7. 8 eod.
8. 97 D. De condit., 35, 1.

Municipes intelliguntur scire quod sciunt hi quibus summa reipublicæ commissa est[1].

Lorsqu'il n'y pas de chefs, de magistrats, que l'*universitas* est *inordinata*, nous pensons avec M. Maisonabe que le serment doit être prêté par la majorité ordinaire des membres. Si cette majorité peut avoir une volonté pour la personne morale, et la représenter en tout, c'est en elle aussi que réside jusqu'à un certain point la conscience de l'être juridique.

Une fois le jugement rendu pour ou contre la personne morale, les moyens d'exécution sont les mêmes que lorsqu'il s'agit de particuliers.

PRIVILÉGES.

Les personnes morales les plus favorisées à ce point de vue sont les villes et le fisc. Pour les communes, il y a des priviléges généraux qui s'appliquent à toutes, et des priviléges spéciaux, donnés à une ville par une concession particulière de l'empereur.

Le fisc n'a jamais à donner caution : « *Fiscus semper solvendo censetur*[2]. »

Lorsqu'il possède un bien avec d'autres, il peut, au lieu d'en provoquer le partage ou la licitation, le vendre seul, puis il cède aux autres une partie du prix[3].

Marc-Aurèle avait permis à celui qui achetait, de bonne foi, des biens du fisc, de prescrire par cinq ans contre le vrai propriétaire. Zénon augmenta ce privilége, en décidant que l'acheteur deviendrait proprié-

1. 14 D. Ad. municip. 50, 1.
2. 2 f. D. De fundo dotali, 23, 5, etc.
3. 1 C. De vend. rer. fiscal., 10, 4.

taire dès le moment de la vente, sauf au propriétaire à recourir contre le fisc pendant quatre ans [1].

L'action paulienne est donnée au double contre les débiteurs du fisc qui, par des aliénations, fraudent ses droits [2].

Le fisc a, de plein droit et tacitement sur les biens de ses débiteurs, une hypothèque générale. Est-ce seulement pour les créances d'impôts, et celles qui dérivent de contrats? La question est controversée [3].

Ce privilége important doit dater du commencement du troisième siècle de notre ère [4].

L'imprescriptibilité des biens est un privilége commun au fisc et aux églises [5].

Les églises ont encore le droit de garder les legs pieux qu'on leur a payés par erreur [6].

Toutes les personnes morales pouvaient recevoir des donations, ou même en faire. Le plus souvent, dans les textes, les libéralités sont faites, soit au moyen de la pollicitation, soit par testament.

Justinien, en 529, dispensa de l'insinuation les donations inférieures à 500 solides, faites aux églises [7]. Du reste, en 531, cette règle fut appliquée à toute donation quelconque [9].

La pollicitation est une offre, une promesse unilatérale sans intervention du consentement de celui à

1. 14 Inst. De usucap. 2, 6.
2. 46, 1 D. De jure fisci, 49, 13.
3. 46, 3 D. De jure fisci, 49, 13.
4. 2 C. In quibus causis, 8, 15.
5. V. supra p. 68.
6. 2 C Communia de leg. et fid 6, 43.
7. 34, 1 C. De Donat. 8, 54.
9. 36, 3 eod.

qui l'offre est faite. La loi 19 pr. D. *De donationibus*[1] lui donne le titre de donation.

A l'égard des villes, la pollicitation oblige en général l'offrant. Il y donc là un mode de libéralité qui n'est ni un contrat, ni un pacte légitime, comme la donation, ni même un acte unilatéral solennel, comme le testament, mais qui consiste en une simple manifestation de volonté.

On a essayé d'expliquer cette anomalie en remontant à la nature des personnes morales, qui ne peuvent consentir par elles-mêmes un pacte, ni manifester une volonté quelconque. Mais, ici comme partout, on aurait pu faire intervenir la représentation. Il faudra bien y recourir, si l'on est obligé de poursuivre le pollicitant en justice pour le forcer à remplir son engagement.

Pour que la pollicitation oblige, il faut qu'il y ait une cause ou un commencement d'exécution. Il y a cause suffisante par exemple lorsque le promettant désire acheter une dignité, une place au moyen de sa pollicitation ; lorsqu'il s'engage pour indemniser la ville des suites d'un fléau ou d'un malheur quelconque.

S'il n'y a pas de cause à la pollicitation, l'offrant n'est pas obligé, à moins qu'il n'y ait eu commencement d'exécution[2].

La pollicitation *in honorem* doit être exécutée rigougoureusement. Quand l'engagement vient du commencement d'exécution, et que l'exécution d'une offre inconsidérée appauvrirait trop le donateur, on lui permet de la réduire au 5e de son patrimoine. On suit la

1. D. 39, 5.
2. 1 D. De pollicitationibus, 50, 12.

même règle, quand il est mort, pour ses héritiers externes. Les enfants n'ont à donner qu'un 10e des biens.

Le vœu n'est autre chose, au fond, qu'une pollicitation. Pour être engagé par un vœu, il faut être pubère et *paterfamilias*. Du reste le vœu comme la pollicitation ne donne à l'église qu'une créance, et non un droit réel [2].

Zénon étendit cette doctrine des villes aux établissements religieux. Quand la promesse de bâtir un temple, *opus*, accompagne une donation valablement insinuée, l'offre engage le promettant, même sans commencement d'exécution [3].

La doctrine des pollicitations n'est pas applicable aux autres personnes morales.

On se demande si la célèbre loi Civitas [4] consacre pour les villes un nouveau privilége : « *Civitas mutui datione obligari potest, si ad utilitatem ejus versœ sint pecuniœ : alioquin ipsi soli qui contraxerunt tenebuntur.* »

Sans discuter la question, Savigny pense qu'il y a privilége ; que dans tout contrat *re*, la ville n'est obligée que si la chose a réellement tourné à son profit [5].

Pothier [6] étend même la solution d'Ulpien à tous les contrats des villes.

Doneau [7] et Voët [8] décident qu'il n'y a là que l'application du droit commun.

1. 9 D. De pollicit., 50, 12.
2. 2 D. eod.
3. 15 C. De ss. eccl. 1, 2.
4. 27 D. De rebus creditis, 12, 1.
5. Tr. d. dr., XCII.
6. Ad Pand., 150, tit. 8, sect. 2, art. 2.
7. Ad legem civitas.
8. Ad tit. De rebus creditis, n° 11.

L'intérêt de la question est celui-ci: s'il y a privilége, les villes seules, et les églises auxquelles la règle a été étendue par Justinien jouissent du bénéfice de la loi *civitas*[1], si au contraire la solution du Digeste n'est que l'application des principes généraux, ce sont toutes les personnes morales.

Nous préférons l'opinion de Voët et de Doneau. Le cas prévu par la loi est celui où l'administrateur n'a pas reçu mandat spécial de contracter un acte aussi grave qu'un emprunt, un *mutuum*. Sans doute il a un certain pouvoir d'initiative administrative, sans laquelle il ne pourrait pas diriger les affaires de la communauté. Mais un acte grave, qui sort des limites de la pure administration, comme un emprunt, ne peut engager la communauté que si réellement elle en a profité et alors elle est tenue, comme tout individu quelconque, de *in rem verso*[2]. Il en serait autrement s'il y avait eu mandat spécial de la cité ou de la curie. Alors l'administrateur, n'ayant fait qu'exécuter les ordres qu'on lui a donnés, ne peut être responsable de l'emploi de l'argent emprunté , à moins de dilapidation.

La ville n'aurait alors d'autre ressource que l'*in integrum restitutio*.

Telle est aussi l'interprétation que le droit canonique donne sans hésiter à notre loi [3].

Quand ce sont les villes qui prêtent, des intérêts leur sont dus en vertu de simples pactes[4]. Elles

1. Nov. CXX, ch. 6. f.
5. 3, § 2 et 5, D. De in rem verso, 15, 3, etc.
3. Cap. pen. Extra; De fidejur.
4. 30 D. De usuris, 22, 1.

jouissent d'un droit de préférence *inter personales actiones*[1], et de plus, d'une sorte de droit de suite, établi par Constantin, sur les biens que possédait le débiteur lors de la création de l'obligation[2].

Les villes ont, de plein droit, contre leurs administrateurs, des garanties très-sérieuses[3]. Les autres personnes morales ne peuvent se les donner qu'en vertu de conventions spéciales.

Enfin, et c'est là un privilége des plus importants, les villes lésées, ont droit, comme les mineurs de 25 ans, à l'*in integrum restitutio* que promet le préteur dans la *clausula generalis* de l'édit[4].

Elles jouissent du reste de ce privilége en matière de procès comme pour tout autre acte juridique.

Justinien porta à cent ans le délai de prescription des actions appartenant aux villes, ou aux établissements religieux et charitables. Son intention, dit-il, avait été d'abord de supprimer toute prescription de ce chef; mais il s'est borné à exiger le plus long délai de la vie humaine[5]. Les anciennes actions temporaires se prescrivaient par quarante ans contre l'Eglise et les autres lieux vénérables[6]. Une nouvelle constitution ramena plus tard à quarante ans toutes les prescriptions privilégiées[7].

1. 38, 1, De rebus auct. jud. poss., 42, 5.
2. 2, C. D. debit. civitatum, 11, 31.
3. 11, 1; 13; 17, 2 D. Ad municip. 5011. — 1 si quo quisque ordine conv., 11, 35, etc.
4. 1, 1 f.; 4, D. Ex quib. causis maj., 4, 6. — 1 C. de off. ejus qui vicem att., 1, 50. — 4 D. De jure reipub. 11, 29.
5. 23 C. De s. s. eccl., 1, 2.
6. Nov. 131 C. et Auth. ad leg. 23 De s. s. eccl.
7. Nov. 9; Nov. III, ch. 1.

Y a-t-il pour les personnes morales un droit criminel? Peuvent-elles commettre des crimes ou des délits?

Peuvent-elles, en d'autres termes, avoir une intention coupable, et l'exécuter, ordonner un vol, faire de la fausse monnaie, etc.?

En d'autres termes encore, et pour serrer la question de plus près, les actes criminels ordonnés par les représentants de la personne morale, ou exécutés par tous les membres, doivent-ils être mis à la charge de la personne morale, ainsi représentée par ses tuteurs habituels?

Nous nous rangeons du côté de la négative, enseignée par Savigny et Haubold [1].

Un tuteur, en effet, ne saurait représenter son mineur d'une façon si complète, qu'il puisse même commettre des délits en son nom. Or les magistrats, les membres des *universitates inordinatæ* sont des tuteurs; il faut donc leur appliquer la même décision.

Si la loi a donné le bénéfice de la représentation aux personnes juridiques, ce n'est pas une représentation absolue, qui sorte du domaine du droit des biens. C'est uniquement pour faire participer les personnes morales à ce droit, qu'on leur accorde et la personnification, et la représentation.

Si les adminisrateurs ou les membres sortent de ces limites, et commettent un délit, ils agissent personnellement, et ne soumettent qu'eux-mêmes à la réparation de ce délit.

1 Savigny, T. d. d. r., XCIV et XCV. — Haubold, C., 4 § 15. Contra, Sintenis, De del. et pœnis univ.

Sans doute, on voit souvent la peine de mort appliquée aux personnes morales; on détruit une ville. Mais ce ne sont pas là des peines proprement dites : ce sont des actes du pouvoir souverain, qui tient toujours dans sa main la destinée des personnes morales, et peut à tout moment, par mesure d'ordre public, les anéantir.

Il faut donc décider que même dans le cas où le délit a été commis « *consilio habito et campana sonata*[1], » aucune action de ce chef, soit criminelle soit civile ne peut être dirigée contre la personne morale, et que les auteurs du délit en sont seuls responsables.

Nous avons dit que pourtant, dans le cas où la communauté a profité du délit, elle doit restituer l'enrichissement qu'elle y a gagné[2].

Les deux textes d'Ulpien qu'on cite souvent pour établir que les personnes juridiques peuvent se rendre coupables d'actes de violence, rentrent dans le même cas[3].

L'action, dit Ulpien, est donnée, quels que soient les auteurs de la violence, quand ce serait une ville, un collége. Il faut lire, quand ce seraient tous les habitants d'une ville, tous les membres d'un collége. Ulpien, en effet, dit bien que l'action est donnée, mais il ne dit pas qu'elle soit donnée contre la ville, ou le collége.

Au contraire, le seul cas où, un peu plus loin, il accorde l'action contre une ville, est frappant.

1. Bartole.
2. V. p.
3. 9, 1 et 3 D. Quod Metus causa. 21, 8.

Les habitants de Capoue, réunis, avaient extorqué par violence une promesse écrite à un individu. Le préteur accorda à la personne lésée l'action *metus causa*. La raison en est simple, et nous l'avons déjà indiquée au chapitre des obligations. C'est d'abord que quiconque profite d'un délit est tenu de rembourser la valeur de l'enrichissement *quantum locupletior factus est*. Or ici, la promesse écrite, valable à l'égard d'une ville, aurait profité à la commune. Rien que son existence dans la caisse de Capoue était un profit pour la ville. — D'un autre côté, l'action *metus causa* est par elle-même *in rem scripta*, et peut être dirigée même contre ceux qui n'ont pas commis la violence.

Evidemment, les peines édictées contre les *collegia illicita* ne doivent pas non plus être invoquées pour prouver à l'encontre des personnes morales l'existence d'un droit criminel. Ce sont les membres de ces associations qui sont frappés individuellement ; et du reste l'association, comme personne, serait impossible à punir, puisque précisément elle ne possède pas la personnalité morale.

III. MORT DES PERSONNES MORALES ET EFFETS DE CETTE MORT.

On emploie ordinairement, pour désigner cette mort, l'expression de *dissolution*, qui n'est pas complètement exacte. En effet, ce mot ne pourrait se rapporter qu'aux réunions de personnes, aux corporations par exemple, et non aux fondations; et d'un autre côté, il peut y avoir, à notre avis, dissolution d'une corporation sans qu'elle entraîne la mort de la personne morale.

Pour donner la vie à une personne juridique, il a fallu l'autorisation souveraine. A partir de cette autorisation, le collége, la fondation, la société industrielle, ont eu une existence propre et indépendante soit de leur objet, soit du sujet qui les soutient. Dès lors l'autorisation nécessaire à la naissance de l'être moral, est aussi indispensable pour le faire mourir. En cas de disparition de tous les membres d'une corporation, en cas de cessation avérée du besoin pour lequel une fondation a été faite, l'être moral n'est que paralysé : il ne meurt que par décision du prince.

Mais il nous paraît évident que la personne juridique aurait pu être créée *ad tempus*, pour un temps certain ou incertain. Il aurait pu y avoir une condition résolutoire apposée.

L'expiration du délai, la *confectio negotii*, l'évènement de la condition feront alors cesser de plein droit l'existence de la personne morale, pourvu que ces modalités se trouvent insérées dans l'acte impérial de constitution.

Il y a certains cas où il paraît y avoir lieu à dissolution, lorsque pourtant l'être moral devrait subsister. C'est quand une société ou une corporation utile à l'intérêt public, voit mourir tous ses membres.

Toute corporation d'abord, conserve l'existence tant qu'il y a au moins un individu qui puisse lui servir de sujet. C'est ce que dit formellement une loi du titre *quod cujuscumque univ.* «*Si universitas ad unum rediit, magis admittitur posse eum convenire et conveniri:*

cum jus omnium in unum reciderit, et stet nomen universitatis [1]. »

Mais quand ce dernier reste de la corporation manque, qu'il n'y a plus aucun sujet possible, la corporation doit être dissoute par le gouvernement. Il y a exception cependant quand son existence touche à un intérêt public et permanent [2], et qu'on peut espérer la voir revivre.

L'Etat peut alors ne pas prononcer l'arrêt de dissolution.

Nous disons «peut.» Le vrai mot serait «doit.» Mais l'Etat se réserve toujours ici une omnipotence, du reste, parfaitement justifiée. Il peut toujours, quand il veut, retirer son autorisation, et par là faire mourir la personne morale. Villes et corporations, églises et collèges, peuvent se voir enlever d'un trait de plume et sans jugement, par un caprice du bon plaisir impérial, la personnalité qui fait leur prospérité.

Qui succède aux biens de la personne morale? — Quand il s'agit d'une fondation supprimée, le fisc paraît seul en ligne pour recueillir ses propriétés. Quand il s'agit d'établissements religieux [4] c'est le *fiscus ecclesiasticus*, la paroisse ou le diocèse, qui absorbent la succession.

La question est plus délicate en ce qui concerne les corporations et autres personnes morales composées d'individus.

1. Klock en conclut qu'un seul cardinal survivant peut élire un pape. — Carpsovius, qu'un seul professeur restant d'une Faculté peut examiner et conférer les grades. — 1 Jurisp. for. const. 26. Def. 3 n, 3. Brunnemann ad h. tit.

2. Savigny, T. d. d r. § LXXXIX.

Et d'abord, lorsqu'il n'y a pas de mise sociale, ni directe ni indirecte, quand il s'agit par exemple d'un collége de prêtres, ou d'une commune, il faut, ce nous semble, suivre la même solution : la personne morale venant à décéder sans héritiers (et elle ne peut en avoir), la succession va au fisc par déshérence.

Lors au contraire qu'il y a une mise sociale, *l'universitas* a beau être une personne morale, chacun des membres conserve un certain droit sur le fonds commun.

S'il s'agit d'une société, il est évident qu'à la dissolution de la société chacun a droit à sa part du fonds social et des bénéfices.

S'il s'agit d'un collége ou d'une corporation, la même décision ne peut pas toujours être donnée, à notre avis. La *lex contractui* ne suppose pas nécessairement de la part des membres de l'*universitas* l'intention de partager un jour l'*Arca communis*. D'un autre côté, cette caisse sociale est le plus souvent alimentée par des dons et des legs. Ces libéralités sont faites à la personne morale, et non aux membres. Ceux-ci ne sauraient s'en emparer. Dès lors il faut en revenir aux principes ; à la dissolution de la société, il y a déshérence, les biens restent choses *nullius*, jusqu'à ce que le fisc civil ou ecclésiastique s'en empare.

On ne saurait en effet créer, au profit des membres de l'ancienne personne morale, un droit de succession qui n'est pas écrit dans la loi.

Les lois 3 pr. et 1, 2 *D. De coll. et corp*[1]. ne nous paraissent pas contraires au système que nous

1. 47, 22.

adoptons. Bartole tire de la loi 3 un argument a *fortiori* au moins hasardé. La seconde s'explique par les circonstances particulières de l'espèce. Il s'agit là d'un individu qu'on force à sortir d'une association parce qu'il s'est fait inscrire à tort dans deux colléges.

Un certain archevêque Moïse, jaloux, paraît-il, des intérêts de son diocèse, avait imaginé une autre théorie : aussitôt la mort de la personne morale, les murs eux-mêmes des bâtiments se mettent à posséder pour le compte du fisc ou de l'évêque; de sorte que les biens de l'ex-personne morale ne sont jamais *res nullius*. — « *Quod durissimum est*, ajoute la glose, *et contra legem videtur*[1].

1. 1, 1 D. De jure fisci, 49, 14; Bartole, ad tit. D. 3, 4.

ANCIEN DROIT.

I. ÉPOQUE BARBARE.

Au moment de la chute de l'empire romain, les personnes morales étaient nombreuses. Quand tout s'abîma dans l'invasion barbare, un grand nombre d'entre elles durent périr sans retour; mais il y en avait dont l'existence devait paraître impossible à supprimer. L'idée de la personnalisation de la cité, du monastère, était définitivement acquise, et ne pouvait disparaître. Du reste, on sait aujourd'hui que le droit romain resta, à l'époque barbare, connu, étudié et appliqué. Un tel amas de science ne pouvait complétement disparaître, en présence du néant relatif de la législation barbare. Du reste, la population elle-même n'étant pas supprimée, les mêmes hommes devaient continuer les mêmes institutions.

Aussi les villes gauloises du midi, celles qui avaient vécu immédiatement sous la pression du peuple conquérant, conservent l'organisation romaine, leur curie et leurs consuls. Les corporations de métiers subsistent : On trouve à Ravenne, en 943, une corporation de pêcheurs, et en 953 un chef de la corporation des négociants [1]. A Paris, le corps des nautes se maintient ; il semble même avoir pris une grande impor-

1. Charte municipale de Ravenne. — Aug. Thierry, Com. s. l'hist. de France.

tance, et s'être presque confondu avec la curie et la municipalité[1].

Quant aux établissements ecclésiastiques, de nombreux monuments législatifs font preuve de leur florissante existence. Les monastères, les églises se fondaient partout sans obstacle, grâce à la foi jeune et ardente des peuples, à la pureté des mœurs des prêtres et des moines, et à la protection des rois.

L'Eglise, en effet, en retour de son puissant appui moral, demandait au bras séculier aide et protection contre des envahissements et des violences qui n'étaient que trop nombreux à l'époque de transition dont nous parlons.

C'est dans ce sens que paraît devoir s'interpréter la formule de Marculphe contenant l'autorisation royale pour la fondation d'un monastère[2]. Ce serait, d'après M. Laisné-Deshayes, moins une autorisation indispensable qu'une garantie pour la communauté, et une menace aux envahisseurs: Le roi n'intervenait que comme protecteur et comme bienfaiteur[4].

Les capitulaires reproduisent un grand nombre des dispositions de faveur du droit romain à l'égard de l'Eglise et des monastères. Benedictus Levita, rapporte notamment l'exigence de la prescription de 40 ans[5].

Les établissements ecclésiastiques sont, comme on peut l'imaginer, les personnes morales les plus importantes de cette époque. Ne relevant que de leurs

1. Le Roi, Dissert. s. l'orig. de l'hôtel-de-ville.
2. Marculphe. l. II, n°s 1 et 2. Baluze, II, 399.
3. Du régime légal des communautés religieuses en France.
4. Cap., livre 18, ch. 50. Baluze, I, 786.
5. Ben. Lev., liv. V, cap. 236.

chefs spirituels, comblés de faveurs par les rois, sagement administrés, ils occupent dans l'histoire une place importante. Leur personnalité est même si puissante, qu'elle absorbe en partie celle des membres de la communauté. Les moines, comme à l'époque romaine, conservaient bien la jouissance, mais non l'exercice de leurs droits; ils étaient légalement interdits [1].

II. ÉPOQUE FÉODALE.

D'anciens éléments, relevés de leurs ruines, acquièrent autour du treizième siècle, une importance considérable dans l'histoire des communautés. Ce sont les communes et les corporations de métiers.

Les communes, tantôt par de bruyantes révolutions, tantôt moyennant finance et à l'amiable parvinrent successivement à se rendre plus ou moins indépendantes. Sous Philippe Ier et ses successeurs, plus d'un seigneur, baron, évêque ou roi dut ainsi *concéder*, comme le disent les chartes, l'existence d'une personne morale. Cependant, dans presque tous les cas, l'affranchissement dut être purement politique, la personnalité civile étant reconnue dès longtemps à la communauté d'habitants : c'était là quelque chose d'inhérent à l'existence même de la communauté [2].

La réorganisation du 13e siècle, qu'on croyait si radicale pour les communes avant Sismondi et Aug. Thierry, fut encore moins importante pour les corpo-

1. Cap. liv. VI, 108 et 110, Baluze, I, 941.

2. Cf. Aug. Thierry, Lettres s. l'hist. de France. — De l'aff. des communes. — Merlin, Rép. V° Comm. d'hab., part. 1 et 2.

rations. Elles existaient partout en France, se rattachant directement aux anciennes corporations romaines.

Le livre des Mestiers, du prévôt Etienne Boileau[1], n'est guère qu'une compilation des statuts antérieurs et un code des contributions indirectes. Plus tard, les ordonnances royales remplacent les ordonnances prévôtales : la grande ordonnance de Charles VI[2] en 1415 complète le travail de Boileau et détermine les conditions d'existence de chaque corporation.

Les universités constituent également des personnes morales importantes. Tantôt la corporation s'y compose des professeurs, tantôt des étudiants[3].

III. ÉPOQUE MONARCHIQUE.

Le caractère général de la législation aux deux époques précédentes, est extrêmement libéral : chaque communauté peut devenir une personne morale. Les tendances absolues de l'époque monarchique viennent peu à peu modifier ce principe. L'Ordonnance d'Orléans de 1560, l'édit du 21 novembre 1629, la déclaration du 7 juin 1659 défendent d'établir en France aucune communauté, aucun collége sans qu'il apparaisse de la nécessité et de l'utilité publique ; il faut des lettres patentes du roi et l'homologation des Parlements. L'édit de décembre 1666 accumule les formalités pour la fondation des monastères. Cependant l'esprit d'association du moyen-âge porte encore ses fruits ; tout est corps, communauté; les établissements

1. Règ. des métiers et marchandises, 1258.
2. En 700 articles.
3. Savigny, Hist. du droit r. au moyen-âge.

religieux se multiplient à l'envi; «quand il s'agit d'établir quelque confrairie, dit Ferrières, on ne manque jamais de raisons et de prétextes spécieux [1]. »

L'édit réglementaire du mois d'août 1749 renouvela les prohibitions de L'Hôpital, de Louis XIII et de Louis XIV. Cette règle de l'autorisation royale, que reproduit l'édit, les jurisconsultes de l'époque la font dériver directement des principes romains. Le nom qu'ils donnent aux personnes morales, soit ecclésiastiques, soit civiles, est celui de *gens de main-morte*.

Ce nom doit venir de l'incapacité soit naturelle soit légale qui paralyse en grande partie les actes des êtres de raison. Leur main est pour ainsi dire morte.

« Leurs biens, dit Pothier, sont morts pour le commerce [3]. »

L'étymologie donnée par Bacquet est peut-être un peu fantaisiste : « Comme nous disons, *bellum quod minime bellum* (!) *sit, et lucus, quod minime luceat*, ainsi on peut dire *gentes manus mortuæ, quod minime moriantur*. Tellement, qu'il semble à proprement parler que les gens de la condition susdite ne mourant point, mais étant perpétuellement vivants, devraient plutôt être appelés gens de main-vive que gens de main-morte [4]. »

On donne aussi aux personnes morales les noms de *corps*, ou de *communautés*, quoique, en réalité, les fondations, les hôpitaux, par exemple, ne se rangent qu'inexactement sous cette désignation.

1. Ferrières, Jurispr. du Dig. avec les Ord. roy. 1 p. 135.
2. Cf. Domat, Droit public, Titre II, Sect. II, art. 14, etc.
3. Pothier, Traité de la prescription II, art. 7.
4. Bacquet, Traité du droit de franc-fief, ch. II, n° 9.

Bacquet énumère et définit en ces termes les gens de main-morte : « Gens de main-morte sont appelés : les gens de l'Eglise, comme Archevêques, Evêques, Abbez, Prieurs, Curez, Chapelains, et toutes Communautez tant Ecclésiastiques que de gens laits, comme Religieux, Abbez et Convent, Religieux, Prieur et Convent, Doyen, Chanoines et Chapitre, et Universitez, Principal et Boursiers, habitants des villes, Bourgs ou Villages, possédant héritages en commun : Prévosté des marchands, Echevins, Maires, et Echevins, Capitoux, Consuls, Jurats, et autres Gouverneurs des villes, Bourgs et Bourgades, Gouverneurs d'Hôpitaux, Hôtels-Dieu, Maladreries, Léproseries, Aumôneries, Commanderies, Stipendies, Prévôtez, Confrairies, Marguilliers de fabrique, Luminiers, Communautez de marchands et de mestiers dûment approuvées. Lesquelles Communautés et Colléges, ensemble les Eglises, Monastères et Chapitres, d'autant que jamais ne meurent, et que les successeurs représentent toujours les prédécesseurs ; ainsi que les héritages par eux possedez ne changent jamais de main : en sorte qu'en eux ne se trouve aucune mutation de personnes, sont appelez gens de main-morte [1]. »

Ces gens de main-morte n'ont, on le voit, aucune relation avec ces autres gens de main-morte, de condition servile, semblables aux anciens colons du droit romain. La main-morte est, dans ce second sens, le droit seigneurial qui les tient attachés à la glèbe.

Une fois la communauté, la personne morale fondée et autorisée, elle peut se donner des statuts inté-

1. Bacquet. Traité des francs-fiefs, Ire p. ch. III, no 8.

rieurs [1]; mais la haute magistrature du royaume a la mission de vérifier si rien dans ces statuts n'est contraire à l'ordre public et aux lois générales du royaume. Les statuts doivent donc, pour avoir pleine vigueur, être homologués par les Parlements [2].

Les sociétés commerciales étaient aussi considérées comme personnes morales, quoique l'ancien droit n'ait pas toujours établi le principe avec toute la netteté désirable. Elles étaient soumises à une réglementation particulière par l'Ordonnance de 1667 [3].

DROITS DES PERSONNES MORALES.

En général, la vie civile des personnes morales de l'ancien droit est calquée sur celle des *corpora* du droit romain. Les principes ayant été posés par les jurisconsultes de Rome, nos vieux auteurs les appliquaient aux mœurs de leur temps, en les combinant avec les nouvelles règles de la pratique.

La tendance générale de l'ancien droit, tendance qui se manifeste, soit par les monuments législatifs, soit par les œuvres de doctrine, est de restreindre autant que possible l'excessive prospérité des gens de main-morte; et, tout en protégeant leur existence, de les empêcher d'absorber le plus clair des richesses du royaume. Mais, quand nous n'en aurions pas d'autres preuves, la fréquence, la répétition des prohibi-

1. 4 D. De coll. et corp.
2. Pothier, Des personnes, tit. VII.
3. Merlin, Rép. v° Substit. fid., sect. VI, § 1, art. 3; — Parl. de Paris, 27 Août 1781; P. Locré, C. civ. t. VIII, p. 66; Demol. Dist. des biens, n° 412.

tions royales suffiraient à démontrer l'impuissance de ces restrictions. Les communautés, les communautés religieuses notamment, surent toujours éluder la loi ou la violer ouvertement, jusqu'au jour où la secousse salutaire de la révolution vint les surprendre au milieu de leurs richesses, et vengea les ordonnances royales méconnues, en anéantissant les communautés elles-mêmes, et en confisquant leurs biens.

ACQUISITIONS.

Pendant les premiers siècles de la monarchie, liberté entière était laissée aux personnes morales, d'acquérir biens meubles ou immeubles. Sans doute nous trouvons encore, ici comme en matière de fondation, ces lettres de garde royales, qui accompagnent souvent les donations faites aux communautés. Mais souvent aussi la libéralité se présente seule, sans recours au roi [1]. On peut donc inférer de ces formules, comparées à des textes précis des lois barbares [2], que l'acquisition par les personnes morales n'était soumise à aucune entrave sous nos premiers rois [3].

Cependant les jurisconsultes de l'époque royale disent tous : « Par les anciennes lois du royaume, les gens de main-morte étaient incapables de posséder des fiefs ou héritages, et devenir propriétaires d'iceux [4].»

A quelle époque faut-il faire remonter cette prohi-

1. Formules de Marculphe, l. II, t. I, p. 399.

2. Loi des Bavarois, ch. I, Baluze, t. I, p. 95. — Loi des Alemans, ch. I—II, Bal. I, p. 57.

3. De Laurière, Préface des O., § 63. Contra Mr de Salverte, Rev. crit. t. VII, liv. IV et V. p. 410 cit. capit. l. IV, ch. 19, Baluze, t. I.

4. Bourjon, liv. II, tit. IV, ch. VI. — Cf. Duplessis, — Bacquet, — Amortissement.

bition, qui du reste ne fut jamais sérieusement observée, et se borna dans la pratique à un impôt?

On attribue généralement à saint Louis l'idée d'arrêter par ce moyen la trop grande extension que prenait la propriété ecclésiastique, et d'empêcher une foule de biens de sortir du commerce. En effet, l'art. 125 de l'ordonnance de 1270, connue sous le nom d'Etablissements de saint Louis, permet au seigneur de forcer les communautés de sa baronnie à se défaire dans l'an et jour, des immeubles qu'elles ont pu acquérir [1].

Le roi, comme seigneur originaire, et grand fieffeux de tout le royaume, jouit du même droit. Il peut vendre son autorisation moyennant finance ; et le droit perçu s'appelle droit d'*amortissement* : L'autorisation elle-même prend le titre d'*amortissement*.

Pocquet de Livonnière fait remonter l'origine de ce droit à deux siècles avant saint Louis. Il est vrai qu'un arrêt du conseil du 3 avril 1731, rapporte un amortissement opéré en septembre 1200, par Baudouin d'Artois pour biens donnés en 1183 à l'abbaye de Clermarais par Berthold de Flandre.

L'ordonnance de Charles VI, de 1485, renouvelle les prohibitions anciennes. On les retrouve dans celles de François Ier du 6 septembre 1520, de Henri II, du 7 janvier 1547, et de Charles IX du 5 septembre 1571:

1. Si aucun avait donné à aucune religion ou à aucune abbaye une pièce de terre, li sires en qui fiè ce serait, ne le soufferrait pas par droit, si il ne voullait, mais le porait bien prendre en sa main. Mais cil à qui l'aumône aurait été donnée si doit venir au seigneur, et li doit dire en telle manière : Sire, ce nous a été donné en aumône, si il vous plaist nous le tenions, et si il vous plaist nous l'osterons de notre main, dedans terme advenant : s'il doit li sires regarder qu'ils la doivent oster dans l'an et jour de leur main. Et si ils ne l'ostaient, li sires la porrait pendre comme en son domaine Et si ne répondrait, ja par droit.

Il y avait donc défense aux communautés, soit ecclésiastiques, soit laïques, non pas précisément d'acquérir, mais de garder des immeubles en leur possession.

Cette incapacité a son origine, soit dans l'impossibilité pour les communautés de remplir l'obligation inhérente au fief, de suivre le seigneur à la guerre, soit dans la crainte de voir les propriétés ecclésiastiques s'étendre indéfiniment; soit enfin, surtout, dans la pénurie du trésor royal.

En effet, les personnes morales acquièrent beaucoup, aliènent peu : « Ces gens ont cent mains ouvertes pour recevoir et une seule entr'ouverte pour la sortie des biens qu'ils possèdent [1]. »

Or le droit féodal accordait au seigneur, au roi, des finances considérables pour chaque transmission d'immeubles, soit entrevifs, soit à cause de mort. L'acquisition d'une terre par une communauté frustrait le seigneur de ses droits.

Mais les légistes y mirent bon ordre en inventant le droit d'amortissement, le droit de nouveaux-acquêts, et l'indemnité.

En réalité, ces droits furent seuls exigés, et les communautés purent, en pratique, acquérir à volonté tous biens meubles et immeubles. Elles ont l'option entre l'obligation de payer ces impôts particuliers, et celle de *vider leurs mains*. Mais si elles se décident à payer, les jurisconsultes ne reconnaissent plus au seigneur le droit de les forcer à vider leurs mains [2].

Les mêmes prohibitions avaient originairement été

1. Bourjon, L. II, Tit. IV, ch. VI, N° 4.

2. Bacquet, Amortissement, Ch. 33, n. 1.

en vigueur dans les autres Etats de l'Europe. Guillaume le Bâtard les avait portées en Angleterre [1], les Normands les avaient instituées en Sicile et à Naples [2].

En Flandre, deux placards de Charles-Quint, de 1515 et de 1520, établissaient la même législation. Marie-Thérèse, en 1753, la renouvela. — Jamais ces défenses ne furent sérieusement observées.

En Lorraine, la matière était réglée par une déclaration de Stanislas, reproduisant en partie les ordonnances antérieures [3].

L'amortissement [4] appartient au roi : « Le roy seul peut amortir, privativement à tous seigneurs, comme seul souverain et empereur de tout son royaume, lequel il tient immédiatement de Dieu, sans reconnaître aucun supérieur [5]. » Cet impôt était perçu d'une façon assez irrégulière, et selon les besoins du trésor royal. A diverses époques de l'histoire, on voit accorder des amortissements généraux à toute une province, pour ne pas avoir à faire l'énorme travail de révision qu'eût nécessité une longue négligence, et pour faire entrer du coup au fisc une somme assez ronde.

Ainsi, en 1470, 1480, 1520, 1522, 1547, 1551 divers monuments législatifs ont trait à des amortissements plus ou moins généraux [6]. Louis XIII amortit tous les biens du clergé sans exception.

1. Polydore, liv. 10 Ann. Angl.
2. Math. De afll. decis. Neap., 324.
3. 12 juin 1758. Cf. Ord. de Léopold, 10 juin 1700.
4. In manum mortuam translatio (Belluga).
5. Bacquet, Amortissement, Ch, 41. — Arrêt de 1277 contre l'évêque de Châlons, Olim f° 40, etc.
6. Guyot, Rép. de Jurisp., V° Amortissement.

Quand une communauté, après un amortissement général, faisait de nouvelles acquisitions, on payait au roi le droit de *nouveaux-acquêts*.

Le roi n'entend pas nuire par son fait aux droits des seigneurs. De là plusieurs institutions destinées à dédommager ceux-ci de la perte de leurs droits féodaux : l'*homme vivant et mourant*, et l'*indemnité*.

En ce qui concernait les fiefs, tenus par les communautés, la foi et l'hommage étaient toujours dus au suzerain. Cette formalité était remplie, soit par les chefs de la communauté, auxquels on permettait alors de sortir, s'ils étaient cloîtrés, [1] soit par un procureur.

Ce procureur était ordinairement l'homme vivant et mourant que les communautés étaient tenues de bailler au seigneur pour l'indemniser des droits de succession que, régulièrement, il ne pouvait plus percevoir. La tenure était censée résider sur la tête de ce *vicaire*, et non sur la communauté. A la mort du vicaire, il y avait ouverture du fief, le seigneur exigeait le paiement du droit de relief, et la communauté avait à présenter un nouvel homme vivant et mourant, sous peine de saisie féodale[2].

Le seigneur conserve par le moyen de cette fiction l'honorifique, et une partie de l'utilité de sa directe. Mais ce n'est pas tout : un homme aliène ; une communauté n'aliène pas : autres droits féodaux perdus pour le suzerain. On y remédie au moyen de *l'in-*

1. Parl. de Bret., 20 juillet 1651.

2. Dumoulin, s. l'art. 51, Cout. P.—Duplessis, Traité des fiefs, p. 41.— Bourjou, Des fiefs, art. 68 s. — Henrys, tom. 1, ch. 1 quest. 3 — Lemaistre, Tr. des amort., ch. 11. — Bacquet, De l'amort., ch. 53, N° 9.

demnité, qui a lieu pour les censives et pour les fiefs[1].

L'indemnité se payait soit en une fois, et se montait alors ordinairement au 5e denier, soit par rente, d'accord avec le seigneur.

Une fois l'amortissement obtenu, le seigneur n'avait droit qu'à l'indemnité, et ne pouvait forcer les gens de main-morte à vider leurs mains. C'est là l'opinion qui avait prévalu[2].

Les gens de main-morte élevèrent à plusieurs reprises la prétention de n'être même tenus qu'à l'une des deux prestations, l'indemnité, ou l'homme vivant et mourant, et d'avoir l'option. Deux arrêts du Parlement, l'un du 18 novembre 1557, l'autre du 6 juillet 1685 condamnèrent cette doctrine.

Le droit d'amortissement était généralement considéré comme imprescriptible.

L'indemnité au contraire se prescrivait par 30 ans. La coutume d'Orléans exigeait 60 ans[3]; celle de Touraine, 100 ans[4].

En 1749, parut un édit dont nous avons déjà parlé, qui rétablit l'ancienne défense d'acquérir des fonds de terre, des maisons, des rentes, même constituées, à moins de lettres-patentes du roi, homologuées en Parlement. A défaut de lettres d'amortissement, la communauté doit vider ses mains dans l'an et jour[5].

1. Coutume de Melun, art. 29. Cout. de Sens, art. 7, Auxerre, art. 8; Laon, art. 209; Châlons, art. 208; Touraine, art. 142; Bar, art. 10.

2. Bacquet, etc. C. Dumoulin, l. c., a. 268; Cout. de Bret. Arr. du Cons., 12 sept. 1746.

3. Art. 41.

4. Art. 107.

5. Art. 14 et 26.

Les rentes sur l'Etat, sur le clergé, ou sur d'autres gens de main-morte sont seules exceptées[1].

Le droit d'amortissement était à cette époque du cinquième de la valeur des biens tenus en fief, et du sixième de ceux tenus en roture.

L'acquisition à fond perdu est complétement défendue aux personnes morales[2].

En ce qui concerne les acquisitions par donation, il est évident que les communautés non autorisées ne peuvent recevoir ; mais, l'autorisation venant à être accordée, la donation vaut, comme faite sous la condition tacite de l'autorisation[3].

Aliénations.

Les biens des gens de main-morte étaient, en général inaliénables.

Le domaine de l'Etat ne pouvait être aliéné que pour deux causes privilégiées : 1° pour constituer des apanages aux princes; 2° pour soutenir une guerre commencée. La faculté de rachat était toujours sous-entendue. On trouve déjà le principe de l'inaliénabilité du domaine royal dans la Pragmatique de Charles VI[4].

Les biens de l'Eglise étaient déclarés inaliénables par les décrets des conciles et le droit du Bas-Empire[5]. L'ancien droit avait confirmé ces règles, s'appuyant

1. Art. 18.

2. Pothier, Des personnes, tit. VII.

3. Ricard, Don., I, ch. 3, nn. 600 et 613, pp. 135 et 157.

4. Ch. VIII, 22 sept. 1483; F. 1er 1531, 1539, 1543, 1551, 1559 Ord. du domaine, de 1566 (Moulins). — Arrêt du Conseil du 24 sept. 1709, rapp. p. Augeaud, II p. 599 s. Edits de 1667 et de 1717.

5. Nov. Just. 120 etc.

sur ce que les bénéficiers et membres de communautés religieuses, n'étant qu'usufruitiers, ne devaient point pouvoir aliéner les biens appartenant à l'Eglise.

Il n'y a exception à la règle de l'inaliénabilité que dans le cas de nécessité absolue ou d'avantage évident. Mais alors la délibération qui décide la vente doit être suivie d'une enquête de *commodo* et *incommodo* sur l'utilité de l'aliénation. D'un autre côté, les aliénations ne sont valables que du consentement de l'autorité supérieure ecclésiastique, qui surveille en général l'administration des biens de l'Eglise[1].

La règle de l'inaliénabilité est du reste applicable à tous les biens de main-morte quelconques[2]. Les communes comme les églises et les hôpitaux ne peuvent aliéner qu'en cas d'avantage très-évident[3]. Et, une fois l'aliénation exceptionnellement autorisée, elle ne peut avoir lieu qu'en observant certaines formalités[4]. Ainsi les baux et les ventes doivent être faits aux enchères ; toute aliénation doit être enregistrée aux *greffes de main-morte* créés en 1691 par Louis XIV.

Prescription.

Les communautés sont, à beaucoup de points de vue, assimilées aux mineurs. Ainsi on les représente dans les actes divers de la vie civile, et les lois leur accordent une protection spéciale. En matière de pres-

1. Lettres-patentes du 16 mars 1600.
2. Ord. de 1558 de Henri II; art. 29 Ord. d'Orléans (?).
3. 70 Ord. de Blois. — Edit de 1667 et 1691.
4. 79 Ord. de Blois. — Denisart V° Biens du Clergé. Ferrière, Rousseau de Lacombe V° Aliénation.

cription il était impossible de continuer l'assimilation. En effet, la prescription est suspendue à l'égard des mineurs jusqu'à leur majorité. La majorité des personnes morales n'arrivant jamais, on arriverait ainsi à une imprescriptibilité qui n'est pas dans l'intention du législateur. Aussi la plupart des coutumes s'en tenaient à la règle romaine de la prescription de 40 ans[1].

Autres priviléges.

Les personnes morales en général ou certaines d'entre elles jouissaient encore d'une foule d'autres priviléges de toute nature, qu'il serait trop long d'énumérer. Il importe cependant de remarquer que la lésion considérable était pour elles une cause de rescision[2]; que leurs causes étaient communicables au ministère public ; qu'elles étaient protégées par diverses règles contre la tentation d'intenter trop facilement des procès; enfin, que la péremption ne pouvait être invoquée contre les communautés ecclésiastiques[3].

1. Cout. d'Anjou, art. 448 ; Maine ; Senlis, Chaumont, Valois, etc. Contrat, Cout. du Berry.

2. Déclar. du 2 oct. 1703. Edit d'avril 1683 ; 1764.

3. Edit d'août 1764. — Pothier, IX, 85 et 86.

DES PERSONNES MORALES

EN

DROIT FRANÇAIS MODERNE.

I. PRÉLIMINAIRES.

Malgré les nombreuses suppressions prononcées par le droit intermédiaire, certaines classes de personnes morales, dont l'existence est nécessaire, et se lie à la constitution même de notre société, se sont toujours maintenues. Ainsi l'Etat, les communes, les sociétés commerciales. L'individualité des établissements de bienfaisance, un instant détruite, leur fut bientôt rendue par la révolution elle-même. Le Code civil leur reconnaît formellement la personnalité[1].

Notre siècle assiste à un prodigieux développement de la personnalité juridique ; mais ce développement, au lieu de se produire particulièrement dans la sphère religieuse, comme aux temps du moyen-âge, s'opère dans celle du commerce et de l'industrie, c'est-à-

1. Art. 910 et 937.

dire dans un ordre de choses ouvert à tout le monde. Au lieu d'absorber un grand nombre de personnalités en une seule, qui les remplace toutes ; au lieu d'accaparer des biens désormais socialement inféconds, et soustraits au mouvement général, notre temps, imbu d'un autre esprit, crée des personnes morales, non pour diminuer, mais pour augmenter le nombre des individus actifs, et pour multiplier en même temps les capitaux de tout genre.

Et, de même que dans l'ancienne France l'extension sans contrôle de la personnalité juridique avait nui à l'intérêt général, et avait donné lieu à des restrictions légales de différente nature, de même à notre époque, l'immense mouvement dont nous venons de parler a eu ses dangers, que les lois ont dû chercher à prévenir. Seulement la source en est bien différente. Loin de protéger le public contre les efforts et les empiétements de puissantes corporations, il a fallu le protéger contre lui-même et contre son propre entraînement, à la vue des avantages offerts par une vaste personnalisation. C'est dans ce sens qu'ont agi les lois du 17 juillet 1856 et du 14 juillet 1866.

Il est à remarquer que nos lois ne contiennent aucune théorie générale sur les personnes morales ; le mot lui-même n'est jamais prononcé, et l'on ne trouve que des règles éparses, presque toujours spéciales à telle ou telle institution. Cette lacune étrange n'empêche pas les personnes juridiques de se constituer, de vivre et de prospérer, chacune suivant ses règles spéciales ou les statuts qu'elle s'est donnés.

Mais il y a nécessairement des principes généraux,

applicables à toutes les catégories de personnes morales, indiquant dans quelles limites leur activité peut se mouvoir, quels sont les droits qui leur sont reconnus à toutes; en quoi elles diffèrent d'autres institutions plus ou moins analogues, qui ne jouissent pas de la personnalité. Pour déterminer ces règles générales, il faut consulter le droit romain d'un côté, comme guide; de l'autre, les règles positives spécialement posées pour une seule catégorie de personnes morales, mais applicables aux autres par analogie. C'est affaire de logique et de raisonnement, de déterminer dans quelle proportion chacune de ces sources devra être employée.

« La personne morale, disent MM. Aubry et Rau[1], est un être de raison capable de posséder un patrimoine, et de devenir le sujet des droits et des obligations relatifs aux biens. » Il n'y a pas à ajouter, comme en droit romain, « et de certains rapports de famille. » En effet, notre état social ne connaît plus rien de semblable à l'esclavage, ni au patronat, ni au colonat.

C'est un être de raison, c'est-à-dire complètement fictif, mais dont la personnalité, en matière de biens, est très-nette et très-intense. Peu importe à ce point de vue que le sujet de la personne morale soit une association d'individualités physiques, comme il arrive dans une société, ou qu'il n'y ait même pas de sujet, comme par exemple dans un hôpital. L'indépendance de l'être moral n'est pas moins grande dans le premier cas que dans le second : C'est ce que les Romains entendaient par le principe : *Universitas distat a singulis.*

1. I § 54.

Une universalité dont les droits se confondraient avec ceux du *substratum*, des membres qui la composent, ne serait plus une personne morale.

Et c'est là précisément ce qui fait la puissance juridique de ces êtres de raison. Sous la forme la plus ordinaire, une personne morale est un amas de capitaux auxquels la loi souffle la vie, pour lesquels la personnalité morale est une âme. Peu importe alors qui a contribué à cet entassement de fonds: que l'un soit de mauvaise foi, et l'autre en faillite; en principe, cela ne change en rien les rapports de la personne morale avec les étrangers. Ceux-ci considèrent le crédit de cette dernière, bien plus que la situation financière des associés; s'ils veulent poursuivre, ils ont un gage dans le fonds social, et la fortune personnelle des membres de l'association n'est qu'une assurance en cas d'insuffisance de ce gage commun, bien plus facile à poursuivre. De même, sans la personnalisation, quels seraient le crédit et le pouvoir d'une commune, par exemple, ou de toute autre association dont les membres sont trop nombreux, ou trop indirectement intéressés pour agir par eux-mêmes?

Sans la personnalisation, une classe importante de personnes morales, les fondations, n'existeraient même pas. Conçoit-on en effet un hôpital, une fondation de bienfaisance quelconque, sans la capacité de recevoir des dons et des legs, d'avoir des biens et de les administrer?

La personnalisation morale a donc, dans divers ordres d'idées, un intérêt considérable.

Elle a d'abord un intérêt public important. Grâce à

la personnalisation de l'Etat, des départements, des communes, des grandes entreprises, l'intérêt général trouve toujours les représentants et les capitaux qui lui sont nécessaires. Les biens d'usage public sont entretenus avec soin aux frais et sous la direction d'êtres juridiques qui représentent tous les intéressés, et centralisent leur action. Il est clair que sans cette unification d'intérêts, aucune grande entreprise d'intérêt général ne pourrait avoir lieu.

L'utilité publique est également liée à l'existence d'établissements de bienfaisance indépendants, par conséquent impartiaux, et ne formant pas une simple branche d'un service administratif.

L'intérêt privé se manifeste plus particulièrement lorsqu'il s'agit des sociétés de commerce. Soit qu'on considère la puissance donnée par la personnalité à l'activité de l'association, ou qu'on soit plus particulièrement frappé de la position des membres de la société, et notamment des actionnaires, on ne saurait nier que l'abolition de la personnalité détruirait complètement l'édifice de notre développement commercial. Grâce à cette institution, non seulement les transactions de toute nature d'une société avec des tiers sont aussi simples que s'il s'agissait d'une personne physique, et son crédit jouit d'une puissance considérable; mais les relations des associés entre eux, sont prodigieusement facilitées au moyen de cet intermédiaire nouveau, la personne de la société. Chaque particulier peut dès-lors facilement étendre ou restreindre la part directe qu'il veut prendre aux spéculations commerciales, d'après le plus ou moins grand degré d'individualité que la société laisse à ses membres. Le commerçant entrera dans une société en nom collectif, dont la personnalité est plus directement formée de celle du peu de membres qui la composent; le non-commerçant qui veut placer ses fonds avantageusement sans trop se risquer, et sans se mêler directement à l'activité commerciale, se bornera à prendre une action dans une société anonyme ou en commandite : sa personnalité s'efface en grande partie devant l'être fictif nouveau qu'il a contribué à créer, et qui vit sans lui. L'individualité de l'actionnaire peut même être écartée au point que la personne morale ignore le nom et le nombre de membres qui la soutiennent de leurs capitaux. C'est ce qui arrive quand les actions sont au porteur, transmissibles sans aucune formalité, et circulant indéfiniment sans obstacles. Telle est du reste la forme vers laquelle tend de plus en plus le progrès financier moderne. Est-ce un bien, est-ce un mal? Question fort débattue, et qui n'a pas à nous occuper ici. Ce qu'il y a de certain, c'est que cette forme est l'expression la plus complète de l'indépendance relative de la personne morale et des associés.

II. DÉFINITION ET CARACTÈRE.

La personne morale est, comme nous l'avons dit, un être de raison capable des rapports de droits relatifs aux biens.

Il faut se garder de confondre cette notion avec d'autres plus ou moins analogues, mais séparées en réalité par des différences considérables.

Et d'abord le droit de *réunion* et le droit d'*association* appartiennent à une autre sphère que celle dont nous nous occupons : nous n'étudions ici que le droit privé, et ne touchons qu'indirectement au droit administratif et au droit public. Or le droit de réunion et le droit d'association sont des droits politiques, réglés dans leur exercice par le droit public.

La *réunion* n'a rien de commun avec une personne morale. C'est une assemblée passagère, à laquelle on ne peut comprendre ni droit de propriété, ni dette, ni créance.

L'association se rapproche beaucoup plus de notre ordre d'idées. Il est de sa nature d'être durable, d'avoir un but donné; et, pour y atteindre, elle peut avoir, comme le dit le Digeste : *Arcam communem et actorem*. Or ce sont là les caractères auxquels la loi romaine semble reconnaître l'*universitas*. Cependant il y a une grande différence entre ces deux notions. L'association n'est jamais qu'un lien, une union entre plusieurs personnes, qui peut se former dans la sphère du droit privé, mais qui peut aussi avoir un but complètement étranger à cet ordre d'idées. Il n'y a pas là création d'un être moral dans le sens juridique. Sans doute une personne juridique peut s'enter sur l'association [1], mais il y a toute une classe de personnes morales, et ce n'est pas la moins importante, qui ne supposent même pas l'existence d'une association. Ce sont les *fondations*.

La *communauté* peut être adjointe à une association,

1. Une personne morale ne peut du reste se construire sur une association, que si l'association elle-même est licite comme telle.

comme elle peut exister sans convention. Mais là encore il n'y a pas personne morale. La communauté est le rapport de droit en vertu duquel plusieurs personnes sont propriétaires par indivis d'une même chose ou d'un même patrimoine. Lorsque ce rapport de droit se trouve établi, il y a bien une situation nouvelle, particulière ; mais ce n'est en réalité qu'une manière d'être du droit de propriété. En effet, chacun des associés reste propriétaire, sans abdiquer son droit en faveur d'une personnalité nouvelle. Il n'y a pas plus personne morale dans cette hypothèse, que dans le cas où plusieurs personnes se sont engagées solidairement à payer une même dette.

Nous verrons plus loin l'énumération des différences pratiques qui existent entre la communauté et la personne morale.

La *société civile* et la *communauté conjugale* doivent-elles être également éliminées? Ce sont là des questions gravement controversées qui trouveront aussi leur place plus loin.

En énumérant les principales personnes morales reconnues par le droit français, nous indiquerons aussi certaines *unions* physiques ou morales *de choses*, les *universitates rerum* du droit romain. Il est certain que la notion de l'*universitas rerum* ne manque pas d'analogie avec celle de la personne morale, quoiqu'elle soit loin d'être identique. Ainsi le troupeau constitue, dans certaines conditions, une unité que ne modifie pas l'accroissement ou la diminution du bétail ; le patrimoine, le domaine, la maison, peuvent voir les éléments dont ils sont composés, se modifier d'une façon considérable, sans que certains rapports de droits, qui concernent le tout, en soient le moins du monde atteints. Il y a là, pourrait-on dire, *chose morale, ensemble moral.*

Quels sont donc les caractères distinctifs de la personne morale, les signes qui permettent de la reconnaître au milieu de toutes les institutions analogues?

Et d'abord, il faut reconnaître qu'il ne saurait être question ici que de rapports de *droit privé*, en ce sens, qu'une institution de droit public ne peut être une personne morale, que si, outre son but d'intérêt général, ou bien pour parvenir à ce but, elle est capable d'avoir un patrimoine, de contracter des obligations actives ou passives, et si elle se soumet aux principes du droit privé. Une unité administrative ou judiciaire quelconque n'est pas une personne morale, quoique ses représentants, ses membres, puissent changer sans modifier l'unité du collége. Ce n'est pas là l'idée de la personne civile, quoique l'unité d'un corps politique soit basée sur une sorte de personnalisation. Ainsi un tribunal, un conseil général, ne sont pas des personnes morales, à moins qu'on ne leur reconnaisse la capacité d'acquérir des biens, d'avoir des dettes, etc. Lorsque donc nous parlons de personne morale d'intérêt public, de corporations publiques, nous n'entendons par là que certaines institutions publiques réellement habiles à se mouvoir dans le domaine du droit privé.

Les caractères auxquels on reconnaît la personne morale dans ces limites du droit privé sont différemment indiqués par les auteurs.

Il est certain d'abord, nous le verrons dans le chapitre IV, qu'une condition extrinsèque est toujours nécessaire à l'existence d'une personne juridique. Cette condition est l'autorisation de l'Etat, qui peut du reste être expresse ou tacite, accordée individuellement dans chaque hypothèse, ou en général, à toute une classe d'institutions.

Mais outre cette condition purement externe, on a indiqué différents caractères, sans lesquels il ne pourrait y avoir de personnes morales.

On a prétendu d'abord que le *but* de l'institution doit être *permanent*, au moins lorsqu'il s'agit de personnes morales basées sur une association, et revêtues jusqu'à un certain point d'un caractère public [1]. Ces restrictions écartent la plus grande partie des personnes morales, et enlèvent par conséquent au principe toute généralité. Mais il est même faux en lui-même, et dans l'hypothèse à laquelle le restreignent ses auteurs [2].

Puisqu'il existe des personnes morales non basées sur une association, qui ne sont pas composées d'individualités physiques ou morales, il faut également repousser comme caractères de la personnalité toutes les conditions d'existence de l'association comme telle; et notamment la règle romaine qui exige la présence d'au moins trois membres pour la formation d'un collége.

1. Maurenbrecher, Lehrbuch, § 159. Glück, Comm. I, § 88 p. 493. Code prussien, IIe partie, 6 § 25.

2. Cf. Zachariæ, Lib. Quæst. No 10 p. 63 ; — Rosshirt. — Maurenbrecher prétend de plus qu'une corporation (dans le sens large du mot), ne peut se former qu'entre personnes physiques (l. c.).

Enfin la possibilité de modifications indéfinies dans le personnel d'une association, sans que l'unité de l'ensemble en soit ébranlée, n'est pas non plus un *criterium* certain, puisque ce caractère ne se rencontre pas dans certaines personnes morales, dans une société en nom, par exemple.

Le seul caractère certain qui sépare la personne juridique de toute autre association ou communauté quelconque, est la capacité accordée à l'être moral d'avoir un patrimoine propre, distinct de celui des membres qui la composent, et aussi, distinct et séparé de tout autre patrimoine.

Aucun des autres prétendus caractères n'est applicable à toutes les personnes morales. C'est sous ce seul point de vue qu'on peut ramener à une même notion, et les grandes corporations publiques, et les fondations, et les sociétés commerciales. Ni la permanence ni l'utilité générale du but, ni les règles de la composition de l'association ne se présentent chez toute personne juridique quelconque; et par conséquent il est impossible de serrer de plus près la notion, qu'en exigeant: 1° un être fictif, 2° créé par la loi, 3° capable d'avoir un patrimoine distinct de tout autre patrimoine quelconque.

III. DIVISIONS.

On peut se placer à différents points de vue pour classer les personnes morales.

Et d'abord elles peuvent avoir un caractère *public*, ou purement *privé*.

Les premières sont nombreuses, mais on pourrait y distinguer bien des classes différentes. En effet, certaines personnes morales ont un but exclusivement d'utilité générale, comme l'Etat, les communes, les paroisses[1]. D'autres se rattachent bien à l'intérêt public par leur but: mais ne font pas partie de l'organisation administrative. Ainsi une fondation particulière, faite dans l'intérêt d'une classe d'individus restreinte, n'est pas d'utilité générale au même degré qu'un hospice départemental ou une commune. Ces institutions sont ordinairement qualifiées *d'utilité publique*, par opposition à celles qui ont leur place dans l'organisation administrative, et qu'on appelle *établissements publics*. Ces deux noms sont du reste souvent confondus. Mais, en général, les premiers ont besoin pour exister d'une déclaration particulière d'utilité publique; les derniers sont reconnus en masse par la loi.

Les personnes morales privées sont surveillées par l'Etat d'une façon beaucoup moins étroite que les établissements publics et d'utilité publique.

On a essayé de reproduire dans le droit moderne la distinction moderne des *universitates* en *ordinatæ* et *inordinatæ*. Mais cette division, déjà très-vague en droit romain[2], ne peut guère trouver d'application de de nos jours.

Considérées également quant à leur but, les per-

1. Dans certains pays, les paroisses comme tous les établissements religieux n'ont pas le caractère public. Il en est ainsi là où les affaires religieuses ne sont pas considérées comme affaires d'Etat, comme aux Etats-Unis.

2. Cf. Savigny, Göschen; Glück, Comm. I. p. 496.

sonnes morales sont *civiles* ou *religieuses*; ou encore, civiles ou commerciales.

Cette dernière distinction est d'une haute importance, car, suivant la plupart des auteurs, c'est elle qui détermine quelles sont les personnes morales qui n'ont pas besoin, pour exister, d'une autorisation particulière. En effet, certaines associations ont reçu de la loi une fois pour toutes, en masse, pour le présent et pour l'avenir, la qualité de personnes morales. Sont-ce seulement les sociétés commerciales, ou bien toute société jouit-elle de ce privilége, c'est une question gravement discutée.

Une division très-importante distingue les *fondations* et les *corporations*.

La forme de la corporation, qui est évidemment, au point de vue historique, la première, fournit seule à la personne morale un *substratum* composé de personnes physiques. L'expression de corporation est employée ici dans son sens large et étymologique, pour désigner une réunion d'individus unis par un lien quelconque, et constitués en personne morale, sans qu'il y ait nécessairement un lien conventionnel exprès entre les membres de la *corporation*. Ceux-ci sont dits, quoique très-inexactement, membres de la personne morale. Ce sont eux qui, directement ou indirectement, réalisent les bénéfices, et supportent les pertes de l'être fictif élevé au-dessus d'eux.

Dans cette classe de personnes morales on distingue encore les *corporations proprement dites*, et les *associations*. Les premières seraient nécessairement permanentes, de façon à ce que non-seulement le présent, mais l'avenir, soit intéressé à leur prospérité ; leurs membres ne seraient pas en rapport de droit privé avec le patrimoine de la personne morale. Les associations, au contraire, peuvent être passagères, il y aurait identité entre les membres et la personne morale, et enfin, comme application pratique de ce dernier caractère, les associés pourraient faire opposition aux opérations contraires à leurs intérêts[1].

Cette distinction péniblement élaborée est trop vague pour pouvoir se maintenir dans les termes où elle est proposée. Le *criterium*, d'abord, manque complétement pour reconnaître s'il y a corporation ou association : en effet, la permanence, en premier lieu, peut toujours être écartée. D'un autre côté, on ne peut dire qu'il y ait identité entre la personne morale et les membres de l'association. Enfin, les membres même d'une corporation peuvent avoir le droit de faire opposition aux actes qui lèsent leurs intérêts.

La distinction existe cependant, mais il est difficile de la caractériser d'une façon précise.

Certaines personnes morales sont créées, non pas exclusivement dans l'intérêt des membres présents, mais aussi dans l'intérêt général, ou pour l'utilité de membres à venir ; de façon à ce que la personne morale, son patrimoine, et ses intérêts soient nettement séparés de ceux des membres actuels. Ordinairement le lien commun qui les unit est peu serré, et a sa source dans une convention tacite. On peut désigner cette première catégorie sous le nom de *corporations*. Ainsi la commune, la paroisse, le département, sont

1. Renaud, Lehrbuch des deutschen Rechts, § 57

des corporations, tout aussi bien que les anciennes unions de métiers.

D'autres personnes morales, au contraire, ne se forment que sur la base d'une convention expresse ; l'intérêt privé domine; les membres à venir ne peuvent être que les ayants-cause des premiers associés ; enfin, si la personne juridique ne se confond jamais avec la personne des associés, il n'en est pas moins vrai qu'ils représentent bien plus directement la personne morale que les membres d'une corporation ; que ce sont bien en définitive leurs intérêts qui ont pris une nouvelle forme en devenant ceux de la personne juridique, et que les biens actuels de la personne morale sont destinés à leur revenir un jour, sous une forme ou sous une autre. En réalité la personne morale est alors moins une nécessité, qu'un moyen d'atteindre plus facilement le but de l'association. Ainsi les sociétés commerciales sont des *associations* dans le sens étroit du mot. —

Mais ce serait trop se hasarder que de donner des règles précises, et d'indiquer les conséquences pratiques de cette distinction. Chaque classe de personne morale a en principe ses règles propres, ou bien il y a des maximes générales pour toute personne morale quelconque, reposant sur une réunion de personnes physiques. Cependant nous verrons des conséquences importantes de la distinction entre corporations et associations, au point de vue de la représentation.

Mais, en raison du peu d'importance pratique de la distinction, nous emploierons d'ordinaire indistinctement les deux expressions.

Une *fondation*, dans le sens vulgaire du mot, consiste dans l'abandon de biens quelconques, sous la condition qu'ils seront désormais employés à un but donné. C'est ainsi qu'on *fonde* un lit dans un hôpital.

Dans un sens plus restreint, *une fondation est une personne morale qui ne repose pas sur une corporation, sur une réunion d'individus ; qui n'a pas de substratum matériel* : il y a fondation par exemple dans le fait d'établir une œuvre destinée à l'entretien d'un monument public ; un hôpital est une fondation.

Un sentiment très-naturel, et universel, nous pousse à perpétuer notre nom par des œuvres qui doivent nous survivre, et servir à l'intérêt général. Comme moyen d'y arriver, nous avons la libéralité sous condition à une personne déjà existante, ou bien la création d'une personne morale nouvelle, la fondation. L'insuffisance du premier de ces moyens a dû amener le second. En effet, ni la bonne administration, ni l'indépendance, ni même l'existence des biens légués ne sont garanties par le fait d'une libéralité faite à un particulier, ou à l'Etat, dans un but donné. Nos lois sur les substitutions empêchent même l'existence d'une fondation permanente entre les mains de particuliers. D'un autre côté il peut être de l'intérêt de l'Etat, ou bien de l'intérêt de l'œuvre elle-même, que l'autorité publique n'ait pas à s'immiscer dans une fondation ; ainsi quand il s'agit de favoriser telle ou telle confession religieuse.

Il est donc infiniment plus désirable dans bien des cas, de créer une véritable *fondation*, une personne morale indépendante. Autorisées par l'Etat, fondées soit par lui-même, soit par des particuliers, les fondations, quel que soit leur but, le poursuivent avec l'aide des représentants qui leur sont donnés, sans avoir de sujet, dans le sens ordinaire du mot. Ainsi Savigny fait très-bien remarquer que, dans l'hôpital, « le véritable sujet de droit est une abstraction personnifiée. »

Les administrateurs de la fondation n'en sont que les représentants, les mandataires ; et quant aux malades soignés dans l'hôpital, ils sont plutôt les objets que les sujets de la fondation [1].

On peut encore distinguer les personnes morales suivant leur mode de représentation. Nous en parlerons au chapitre V.

IV. NAISSANCE DES PERSONNES MORALES.

La personne morale est un être fictif capable d'être le sujet de droits. En réalité, dans les fondations comme dans les corporations, c'est bien la fiction elle-même, l'être moral, qui est le sujet de rapports juridiques; et l'expression, assez fréquemment employée, de *sujet* de la personne morale est trop vague pour être juridique. Et si on entend par là le *substratum*, il est faux que l'existence de ce *substratum* soit toujours indispensable.

En effet, s'il faut des membres à une association comme telle, il n'en faut pas à une personne morale, même à celle qui doit se baser sur une association. Rien n'empêche, à notre avis, le souverain, de créer une personne morale là même où il n'y a pas encore

1. Sav. Syst., II, § 86 note b.

d'association, sans en subordonner pour cela l'existence au moment où l'association elle-même existera réellement.

A bien plus forte raison est-il inexact de dire qu'à toute fondation il faut, pour qu'elle puisse se créer, un *substratum* matériel, un patrimoine, une propriété quelconque [1]. D'un côté, en effet, la fondation, tant qu'elle n'est pas créée par l'Etat, ne peut acquérir aucun droit sur ce prétendu *substratum* indispensable; et d'un autre côté, il peut être d'une grande utilité de créer une personne morale capable d'acquérir un patrimoine, quoiqu'aucun donateur n'ait encore fait d'offre, et l'on ne voit pas la raison juridique qui s'opposerait à la réalisation de cette idée.

Mais si un *substratum* n'est pas indispensable, il faut toujours, à toute personne morale, un objet, un but quelconque. Ce but sera fixé, comme aussi la nature du *substratum*, s'il y en a un, sera déterminée par une volonté, qui, en manifestant l'intention de créer une personne morale, doit nécessairement aussi en établir les conditions d'existence.

Cette volonté sera, pour les associations particulières, celle précisément des membres qui en doivent faire partie, des membres d'une maison de commerce par exemple; pour les grandes associations d'intérêt public, la volonté générale, représentée par la loi. C'est elle qui accorde et impose aux communes la personnalité civile. Enfin, c'est la volonté d'un tiers, désormais plus ou moins étranger à la nouvelle personne morale, quand il s'agit d'une fondation. Ce tiers est

1. Renaud. — Pfeiffer. Die Lehre der jur. pers. § 44.

le *fondateur*. Une personne morale peut du reste faire elle-même une fondation. Ainsi quand l'Etat institue des établissements relativement indépendants, ayant leur propre budget et leur propre administration, il joue le rôle de fondateur.

Il faut donc nécessairement pour la création d'une personne morale, que son objet soit déterminé, et qu'il y ait, soit chez les membres d'une association, soit chez une personne étrangère, la volonté de constituer une personne morale.

Autorisation. Mais, si ces conditions sont indispensables, elles ne sont pas suffisantes. On ne comprend guère en effet qu'il soit donné à tous, en toute matière, librement et sans contrôle, de créer des personnes morales. Leur individualité inconnue donnerait lieu à des méprises incessantes, et à des fourberies scandaleuses; et ce n'est guère en pareille matière qu'on pourrait instituer un registre public, où chacun viendrait inscrire les personnes morales qu'il plairait à son imagination de créer. D'un autre côté, nous l'avons déjà fait observer, la personnalité morale est une puissance considérable. On le vit bien sous l'ancien régime, où les congrégations religieuses et les corporations, maintenant leur pouvoir au-delà des siècles où leur influence avait été bienfaisante, tinrent souvent le pouvoir en échec, et, en matière de droit privé, accaparèrent les biens-fonds, en les soustrayant au commerce. Nous avons déjà cité la phrase énergique de Bacquet: « Ces personnes ont cent mains ouvertes pour recevoir, et une seule entr'ouverte pour la sortie des biens qu'elles possèdent. » Les fondations elles-mêmes peuvent être fort dangereuses. Conçoit-on par exemple l'établissement libre d'une œuvre qui aurait pour but l'éloge et la propagation de l'immoralité?

A ces motifs pratiques de la plus grande importance, vient se joindre une considération théorique qui n'est pas moins sérieuse: Par le seul fait de son existence, tout homme a, outre son individualité physique, une individualité juridique et des droits que lui reconnaît le droit naturel à défaut du droit civil. Mais en matière de personne morale, il ne s'agit pas seulement de reconnaître des droits à un être déjà existant: il faut le créer, et le créer de rien. L'homme seul n'a pas ce pouvoir. Une volonté privée ne peut donner fictivement la personnalité juridique à un être qui ne la possède pas; à un animal, par exemple; elle ne peut même augmenter le degré de personnalité et de capacité d'un être physique, rendre un mineur majeur, par exemple, par fiction. Comment lui serait-il donné de créer juridiquement un être, là où il n'existe rien? La création de la fiction et la détermination des conséquences qui en résultent rentrent donc dans les attributions du souverain.

Et c'est moins encore une autorisation, qu'une création directe. Il y a là non seulement une condition, et une condition *sine qua non*, mais l'élément le plus important de l'existence de la personne juridique. Il est étrange que ce principe, de raison autant que de droit, ne soit indiqué dans notre législation qu'indirectement.

L'autorisation, en principe, doit être expresse. Mais elle peut être tacite de deux façons différentes. D'abord, quand la personnalité de certaines institutions est nécessaire, et intimement liée à notre état social. Ainsi l'Etat, les communes en général, existent comme personnes morales, sans qu'on puisse rapporter le titre qui leur a octroyé la personnalité. Les lois la sous-entendent, la supposent préexistante. Mais pour créer une nouvelle commune il faut parfaitement l'intervention souveraine. Quant aux sections de communes, nous examinerons plus loin s'il leur faut une autorisation particulière pour exister; et, dans le cas contraire, comment on peut expliquer cette anomalie.

L'autorisation est aussi jusqu'à un certain point tacite, lorsque la loi reconnaît à toute une classe d'institutions présentes et à venir la qualité de personnes morales. C'est ce qui arrive pour les «compagnies de finance, de commerce ou d'industrie», comme s'exprime l'art. 529. A vrai dire, il y a là autorisation générale expresse plutôt que tacite.

En principe, c'est le souverain, c'est-à-dire la loi, qui donne l'autorisation nécessaire à l'existence des personnes morales.[1] Notre droit positif moderne ne contient à cet égard aucune règle générale. Cependant diverses lois, comme aussi un avis du conseil d'Etat supposent la nécessité de cette autorisation, qu'il faut du reste se garder de confondre avec celle qui pourrait être conférée en vertu de l'art. 291 du C. Pénal.[2]

Lorsqu'il s'agit de communautés religieuses, l'autorisation se donne sous forme de reconnaissance. Quand l'Etat agit comme fondateur, la création vaut

1 D. r. — E. 1749.
2. Cf. Dufour, Dr. adm., III, n° 1847.

évidemment autorisation. Mais en général, l'autorisation se donne sous la forme d'une *déclaration d'utilité publique.*

En principe, une loi serait toujours nécessaire. Mais plusieurs dispositions législatives ont donné au gouvernement le droit d'autoriser certaines personnes morales par simple décret[1]. Ordinairement même et comme il serait impossible de saisir le pouvoir législatif de chaque demande d'autorisation, un décret suffit. Nous citerons comme exigeant nécessairement une loi, la formation d'une commune nouvelle quand la composition d'un département, d'un arrondissement ou d'un canton se trouve par là modifiée ; — ou bien s'il s'agit de communes de plus de 300 habitants, lorsque les conseils municipaux intéressés ne sont pas d'avis du changement projeté, ou encore si l'avis du conseil général est négatif, même s'il s'agit de communes de moins de 300 habitants[2].

L'autorisation peut être temporaire, ou conditionelle. En l'absence de restrictions particulières, elle doit être considérée comme pure et simple, et devant durer autant que l'association elle-même.

Qu'arrive-t-il au cas où il s'est formé quelque chose d'analogue à une personne morale, sans l'autorisation du souverain?

En principe, il n'y a absolument rien de fait, tant que l'autorisation n'est pas accordée. Si quelqu'un a contracté des obligations, créé un rapport de droit quelconque au nom de la future personne morale,

1. L. 24. Mai 1825, Déc. 31. Janv. 1852.
2. Art. 6 et 41 L. 10. Mai 1838.

c'est en réalité en son propre nom qu'il a agi, c'est lui seul qu'il a obligé. Cependant certains auteurs trouvent ici une exception remarquable au principe que personne ne peut acquérir de droits s'il n'est au moins conçu. En effet, un testateur ne peut léguer sa fortune à des enfants qui ne sont ni nés ni conçus : il peut cependant, dit-on, la consacrer à la construction et à la dotation d'un hôpital par exemple, qui devra avoir la qualité de personne morale indépendante.

Il peut donner à une congrégation religieuse, qui se fera autoriser plus tard. Faut-il ramener cette anomalie à la règle : «*Infans conceptus pro nato habetur quoties de commodo ejus habetur.*» Dès que le testateur a *conçu* l'idée de la fondation, et a manifesté cette conception par son testament, elle existe jusqu'à un certain point conditionnellement, et doit pouvoir recevoir des libéralités, par là même également conditionnelles, et subordonnées à la *naissance*, c'est-à-dire à la création par l'Etat. Ou bien y a-t-il là une condition implicite, sous-entendue, d'autorisation postérieure [1].

A notre avis, cette prétendue exception n'existe pas : nous pensons avec M. Demolombe qu'il n'y a d'autre moyen juridique d'arriver à doter la personne morale, que d'attendre qu'elle ait été autorisée pour la gratifier entre-vifs, et s'il s'agit d'une disposition à cause de mort, de considérer la libéralité comme faite provisoirement au profit d'une autre personne morale déjà existante. [2] A aucun point de vue la personne morale

1. Tel était l'avis des anciens auteurs. Ricard, Don. t. I, part. I, n° 612 et 613. Furgole, ch. VI, sect. 1, n° 37. — Troplong, II, 612.

2. Demolombe, Don., I, § 881. — Pothier, Don. et tes., III, III, n. 1. Cass. 5. juillet 1842, Sirey, 42 1 590. — Aub. et R. V. 431. — Cass. 7. Nov. 1859, Sir. 60 I, 350.

n'existe, tant que l'autorisation du souverain n'a pas été donnée.

Mais il peut exister une communauté ou une société civile. Ces associations suivront les principes ordinaires.

Il importe pourtant de ne pas confondre deux choses très-distinctes : l'autorisation d'exister comme association, et l'autorisation qui crée la personne morale. Non pas qu'en fait ces deux actes du souverain soient ordinairement distincts et séparés; mais les résultats de la vie juridique peuvent être tout autres, suivant qu'une association non-autorisée avait besoin de ces deux ordres d'autorisations, ou seulement de la dernière.

Lorsqu'une autorisation n'est pas nécessaire à l'existence de l'association comme telle, il sera toujours facile de la réduire à la communauté ou à la société civile. Même les libéralités faites à *l'association* devront être considérées comme faites à la communauté des associés, et vaudront pourvu que les règles de capacité ordinaires soient sauves. Mais cette solution favorable n'exclut pas la preuve contraire. En cas de testament, par exemple, si les héritiers du sang établissent que ce n'est pas la communauté, l'ensemble des associés qu'on a entendu gratifier, mais la personne morale que le testateur croyait exister, la libéralité doit être annulée comme faite à un incapable, et retourner aux héritiers.

Mais y a-t-il réellement des cas où non-seulement une association ne peut avoir aucun rapport de droit comme personne morale, mais où elle ne peut même exister en tant qu'association ordinaire et comme société privée ? S'il en est ainsi, quelles sont les conclusions à en tirer ?

A notre avis, les congrégations religieuses sont dans cette situation. Prohibées en France d'une façon radicale par les lois révolutionnaires, bannies pour des motifs d'ordre public, elles ne peuvent exister sous quelque forme que ce soit, d'une façon légale, et, à moins d'autorisation particulière, elles sont frappées de l'incapacité la plus complète.

L'opinion contraire est cependant soutenue par un parti dans la doctrine. De quel droit, dit-on, enlever à des citoyens inoffensifs la faculté, reconnue à tous, d'associer leurs intérêts matériels [1], et de vivre ensemble dans la pratique de la religion, sans former une de ces corporations tant redoutées, et dont le nom sert d'épouvantail? Il n'y aura pas personne morale; la propriété reposera sur la tête de chacun des associés pour sa part; il en sera de même des obligations contractées au nom de l'association. Les difficultés et les embarras naissant d'un semblable état de choses empêcheront déjà de pareilles communautés de prendre une importance dangereuse, et, s'il y a des fraudes, des interpositions de personnes, les tribunaux y pourvoiront [2].

En législation, nous serions assez disposé à adopter ce système. Si nos lois étaient à refaire, il semble que l'absence de la personnalité morale suffirait à enlever tout danger à l'existence libre des congrégations religieuses, pourvu que les lois sur leur incapacité et

1. Un modèle d'acte de société pour les communautés non-autorisées a été rédigé par une commission d'ecclésiastiques et de jurisconsultes, présidée par Mgr Affre, archevêque de Paris, Sirey, 1857, 1. p. 502.

2. Laisné-Deshayes, Du rég. légal des comm. rel. en France, p. 701.

l'interposition de personnes fussent sérieusement observées. Mais nous pensons que telle n'est pas la solution donnée par le droit actuel. Les lois des 13 février 1790, 18 août 1792, le décret du 3 messidor an XII sont trop formels pour qu'on ne voie pas dans une congrégation religieuse non-autorisée, un fait illicite, sur lequel ne peut s'établir un rapport de droit quelconque.

Non-seulement une pareille communauté est incapable, en conséquence, d'acquérir à titre gratuit ou à titre onéreux comme être moral; mais ses membres ne peuvent collectivement exister en droit, à quelque titre que ce soit. Ni société civile réelle, ni communauté durable, ne peuvent les lier les uns aux autres; tous ceux qui ont contracté avec eux ont droit de faire annuler leurs engagements, comme les donateurs ont droit de reprendre les libéralités qu'ils ont faites. Il serait monstrueux en effet « qu'en ne tenant aucun compte des formalités exigées pour leur reconnaissance, les associations religieuses pussent se trouver dans une position d'indépendance et de liberté plus favorable et moins restreinte que celle faite aux congrégations qui se seraient soumises aux prescriptions de la loi.[1] » En conséquence la communauté religieuse ne peut exister que comme société de fait, pour entendre prononcer la nullité des rapports de droit qu'elle a pu avoir, ou régler les suites de ces relations ; car il serait de la dernière iniquité qu'une société pût arguer de son irrégularité pour se soustraire à l'exécution de ses engagements [2].

1. Toul., 4 Avril 1857.
2. M. Lyon-Caen, Soc. étr. en France.

La jurisprudence s'est prononcée en faveur de ce système avec une unanimité remarquable[1].

Quant aux sociétés de commerce, dispensées d'autorisation, il est bien entendu qu'elles n'acquièrent la personnalité morale que si les conditions générales nécessaires à leur existence ont été remplies.

Depuis 1867, les tontines et les sociétés d'assurances sur la vie sont seules soumises à l'autorisation. Les opérations des sociétés d'assurances à prime rentrent complétement dans la définition de la société. Mais en réalité, les assurances mutuelles et les tontines ne sont pas des sociétés.

Il était indispensable, en laissant aux particuliers la liberté de fonder une personne morale, d'ordonner la publication de tout acte de société. Les tiers devaient nécessairement être mis à même de connaître la situation juridique de l'association avec laquelle il pouvait se lier des relations d'affaires, dont les conséquences juridiques seront tout autres, suivant qu'il y a ou non société, que cette société est ou non commerciale, et enfin suivant les dispositions contenues dans les statuts. Cette publicité a été organisée par les art. 42 et suivants du Code de Commerce, puis par la loi de 1867 sur les sociétés.

1. Cass., 8 août 1826, 27 avril 1830, 5 août 1841, 5 juillet 1842 ; Rej. 15 déc. 1856, Sirey, 57 I 491 ; Toulouse 4 avril 1857; Sirey 57 II 481, etc., etc. Cf. de Clamageran, Rev. prat. de droit français, 1857 ; le fameux arrêt Montlosier, Paris 18 août 1826; Cf. aussi Troplong Des sociétés N° 246 s.; et Cass. 30 janvier 1839; Sirey 39, I, 393; Cass. 30 déc. 1857, D. 58 I. 22. Paris, 8 mars 58, D. 1858 II 49 ; Orléans, 30 mai 1857, S. 57 II 288. Cass. 30 janv. 1839.

V. DE LA REPRÉSENTATION.

Il est certain que les personnes juridiques peuvent être le sujet de droits de diverse nature : nous verrons plus loin lesquels leur sont accordés. Mais si elles peuvent acquérir des droits, s'obliger, même donner, il n'en est pas moins vrai que leur nature fictive, leur caractère d'êtres de raison leur interdit tout acte quelconque, toute manifestation de volonté, les rend muettes et incapables de mouvement. Elles ont la faculté, mais non l'organe; et, dans la vie morale, l'organe est aussi nécessaire que dans la vie physique. Quel est le rapport de droit qui peut se créer sans un acte quelconque, ou du moins sans une manifestation de volonté? Il n'y a guère que l'obligation née d'un délit, d'un quasi-délit, qui ne supposent pas nécessairement une manifestation de volonté de la part du créancier.

Pour que la personne morale puisse atteindre le but de son existence, et se mêler à la vie juridique il faut donc qu'elle ait un organe : qu'elle soit *représentée*. Il est nécessaire d'examiner quelles sont les personnes physiques qui remplissent ce rôle, et qui ont le pouvoir d'agir au nom de l'être moral.

Les associations ont des représentants naturels en la personne de leurs membres. Ainsi une société en nom est représentée par ceux qui la composent. Mais l'hypothèse n'est pas toujours aussi simple, et il y a des distinctions à faire. En effet, le lien qui unit les membres d'une même association peut être plus ou moins fort, leurs relations avec la personne morale plus ou moins intimes. Quand il s'agit d'une société commerciale privée, où chaque associé a un intérêt direct, et un droit de propriété éventuel sur le fonds social, il y a, non pas comme le disent certains auteurs[1], *identité* entre la personne morale et les membres de l'association, mais représentation directe par cette association et les membres qui la composent.

Quand, au contraire, il y a, outre l'intérêt privé, un intérêt public en jeu; quand il faut considérer, non-seulement l'utilité des membres actuels d'une association, mais l'intérêt futur d'un territoire qui se maintient toujours le même, d'habitants ou d'associés qui sont encore à naître; quand enfin le lien qui unit ces nombreux intéressés à la personne morale est très-vague, et facile à dénouer, la représentation n'est pas aussi directement exercée par les membres de l'association: la personne morale est plus indépendante des individus, et se rapproche de la fondation: la loi, qui lui donne l'existence, ne laisse pas son sort complètement à la merci des associés présents. La commune est l'exemple le plus frappant de cette espèce de personne morale. Une organisation libérale, basée sur l'instruction et la raison politique des habitants actuels, leur laissera une grande part dans la direction de la personne morale et l'administration des biens; ainsi en est-il dans la plupart des cantons suisses. Au contraire, là où l'absolutisme juge contraire aux intérêts de la commune, ou bien surtout à ses propres intérêts, de laisser aux membres actuels une certaine indépendance de direction, c'est le souverain lui-même qui se charge de représenter la personne morale.

1. Renaud, Deutsches Privatrecht, § 57, Weiske. Brakenhœf.

Certains auteurs appellent plus particulièrement cette dernière sorte de personne morale, *corporation*, en réservant à la première l'expression d'*association*. Mais on n'est pas d'accord sur le *criterium* à suivre pour distinguer ces deux catégories. A notre avis, il est difficile d'en donner un qui soit exact, et en même temps moins vague que celui qui est indiqué plus haut. L'intérêt public nous paraît le seul admissible : plus il est engagé à la bonne administration des affaires de la personne morale, plus il domine l'intérêt privé, moins grande sera la part de représentation laissée aux membres de l'association.

Les conséquences pratiques de cette distinction sont importantes ; mais notre droit ne les indique que spécialement pour telle ou telle personne morale, sans en faire l'objet d'une théorie générale. Il en est autrement dans des pays où le droit coutumier et le droit romain ont toujours joué, même en pratique, un rôle important. Bien des auteurs allemands par exemple, partent du principe que les *corporations*, dans le sens restreint du mot, étaient seules connues des Romains, pour régler les rapports de droit de ces corporations d'après le droit romain, ceux des *associations* d'après le droit coutumier. Au point de vue de la représentation, ils admettent que les membres d'une *association* sont bien plus que ses tuteurs : ils sont presque copropriétaires des biens sociaux, et peuvent, non en vertu de leur droit de représentation, mais en vertu de leur droit privatif de membres de l'association, s'opposer aux actes de disposition qui pourraient nuire à leurs intérêts. [1]

1. Wolff, Lehrbuch, § 77 n° 2. Renaud, § 57.

Il est impossible de déterminer d'une façon absolue le degré de puissance de représentation donné aux membres d'une personne morale, d'après la seule inspection de son titre et de son but. La seule règle générale qu'on puisse donner, est celle-ci : *Plus l'intérêt public (présent ou futur) est intéressé à l'existence ou à la bonne administration d'une personne morale, plus est limité le pouvoir de représentation laissé aux membres de l'association. Pour chaque hypothèse spéciale, il faut consulter la loi particulière ou générale qui concerne la personne juridique ou la catégorie de personnes juridiques dont il s'agit.*

Les sociétés de commerce touchent rarement à l'intérêt public : aussi leurs seuls représentants sont ordinairement leurs membres, sans intervention de l'Etat. Quelque forme qu'elles aient adoptée, société en nom collectif, commandite par actions ou par intérêts, compagnie anonyme, ce sont les membres de l'association qui décident de son sort ; et ces membres peuvent être soit des associés connus et déterminés, soit les possesseurs inconnus d'actions au porteur.

En principe, dans toute assemblée de ce genre, l'association est représentée elle-même par la *majorité.*[1] L'unanimité étant impossible à obtenir dans une assemblée délibérante quelconque, il faut la remplacer par une solution plus pratique, et forcer la minorité à s'effacer. Cette majorité pourra être réglée de bien des façons par l'acte de constitution de la

1. Vangerow, Leitfaden, § 54 ; Savigny, Thibaut, Maurenbrecher, etc. — Contra, Pfeiffer, § 35.

personne morale. On pourra exiger les deux tiers des voix, ou bien s'en tenir à la simple majorité absolue : les voix peuvent être comptées par têtes ou par actions, ou à la fois en tenant compte du nombre des individus et du chiffre des capitaux, etc. Il peut ainsi y avoir des représentants de différents degrés. Mais il est certain que dans le silence de la loi ou du contrat, la majorité seule suffirait pour prendre des décisions d'administration. La règle de la présence des deux tiers, sérieusement contestée même en droit romain, serait ici tout-à-fait arbitraire.

Dans la plupart des personnes morales créées par contrat, notamment dans les sociétés, il faut aussi reconnaître aux associés individuellement, et indépendamment de la décision de l'assemblée générale, une certaine activité personnelle. Ainsi les associés qui n'ont pas désigné de gérants sont considérés comme s'étant donné un mandat d'administration réciproque.

Il ne faut pas confondre cette représentation, qui n'est le plus souvent que la manifestation actuelle et visible de la personne morale, avec cette autre sorte de représentation, qui détermine les personnes chargées d'agir plus directement au nom de la personne morale. Il est évidemment impossible dans le plus grand nombre des cas, de réunir tous les membres de l'association à l'occasion de chaque rapport juridique. Les représentants ou membres de la personne morale se nomment alors à eux-mêmes des représentants, qui sont considérés comme tenant la place non-seulement de leurs mandants, mais de la personne morale elle-même. Seulement, tandis que les membres de l'association ont pleins pouvoirs pour tout ce qui n'est pas contraire à la loi ou à l'ordre public, les gérants ne peuvent agir que dans les limites de leur mandat; et leurs pouvoirs peuvent être restreints à tous les points de vue. Il peut arriver que cette représentation médiate, indirecte, de la personne juridique, soit exercée par une autre personne juridique, distincte de la première; ainsi dans la commandite, par la société en nom qui se forme entre les commandités. Dans ce cas, il arrive le plus souvent que ce ne sont pas les actionnaires qui nomment leurs mandataires dans la forme ordinaire; ce sont les commandités qui, prenant l'initiative, s'offrent à la confiance du public, et groupent les actionnaires autour d'eux. Eux-mêmes se nomment un ou plusieurs gérants. En principe, toutes ces stipulations sont libres; mais la loi peut exiger, dans l'intérêt général, un minimum de précautions auxquelles les stipulants sont tenus de se conformer. [1]

Lorsque la loi juge que la tutelle de la personne morale ne peut être laissée sans danger à ses membres, ou à leurs représentants élus, elle en nomme elle-même, ou permet à un pouvoir constitué de leur nommer directement des représentants, dont le choix, selon les cas, exclut complètement l'élection par les membres intéressés, ou bien qui devront combiner leur action avec celle des représentants élus. La première hypothèse est celle de la fabrique de paroisse; la seconde, celle de la commune où le maire est nommé par le pouvoir exécutif. Le souverain peut aussi s'être

1. Cf. LL. de 1863, de 1867 sur les sociétés.

réservé le droit de contrôler tous les actes importants d'une personne morale d'utilité publique, comme les aliénations d'immeubles faites par une commune, les emprunts, les acceptations de donations, etc. A vrai dire il y a dans ces derniers cas plutôt simple surveillance que représentation par l'Etat; mais lorsque l'administration choisit un maire ou des marguilliers, elle se substitue complètement aux membres de la communauté, et représente directement la fabrique comme personne morale.

La fabrique est alors considérée plutôt comme une fondation que comme une personne morale basée sur une corporation. En effet, les fondations, n'étant pas composées de membres qui puissent leur nommer des représentants, reçoivent des tuteurs de la main de l'Etat dans tous les cas où le fondateur n'a pas réglé lui-même la représentation d'une façon autorisée par la loi. Il peut arriver du reste que l'Etat agisse lui-même moins comme représentant de l'intérêt général que comme fondateur. Ainsi il peut créer un hôpital, un établissement de bienfaisance quelconque, et régler en même temps, comme le ferait un testateur, le mode de représentation de cet établissement. En général, les représentants d'une fondation sont étrangers au but que la fondation poursuit, ou du moins très-indirectement intéressés.

La représentation en justice peut être confiée aux administrateurs ordinaires, ou à un agent spécial, particulièrement chargé des affaires judiciaires. Mais, grâce à la personnalité de la société, on n'a besoin d'assigner que les administrateurs, ou le gérant, s'il n'y en a qu'un, sans avoir à faire comparaître tous les membres de la société. Et réciproquement, le gérant, suffisamment autorisé, a pouvoir pour introduire une action judiciaire. La maxime « Nul en France ne plaidant par procureur », n'est pas lésée, puisque la personne plaidante est la personne morale, dont le nom se trouve dans la procédure; tandis que ceux des associés n'ont pas à y figurer.

Nous verrons plus tard s'il y a lieu à représentation en matière pénale, et s'il y a en général un droit pénal pour les personnes judiciaires.

Outre le droit qui est reconnu à l'Etat de régler la représentation de toutes les personnes morales qui sont directement d'intérêt public, et même de poser certaines règles de représentation à celles qui se rattachent plutôt à l'intérêt particulier, il a encore un droit de tutelle et de surveillance qui se continue pendant la vie de toutes les personnes juridiques, et qui s'exerce dans l'intérêt général. Cette surveillance ne peut du reste donner lieu, en cas d'inobservation des règles posées, ou de danger public, qu'à la suppression de la personnalité morale. Il est évident qu'elle est beaucoup plus énergique lorsqu'il s'agit d'établissements publics, que lorsqu'il n'est question que d'associations privées. Les établissements publics sont en effet plutôt sous la direction que sous la surveillance de l'Etat; leur liberté est toujours considérablement restreinte. Il s'agit là en effet, non plus de l'observation des statuts dans l'intérêt des sociétaires et de la moralité commerciale, mais de la prospérité matérielle et financière de la personne morale.

VI. DE LA CAPACITÉ EN GÉNÉRAL.

La règle générale sur la capacité juridique des personnes morales est celle-ci : *en l'absence de toute restriction légale ou conventionnelle, la personne morale est douée, autant qu'il se peut, de la même capacité qu'une personne physique.* Il y a donc assimilation complète, à moins que la nature même des choses ne s'y oppose, ou que la loi, l'ordre public, ou bien les statuts, ne restreignent la capacité fictive de l'être juridique.

Ce principe est généralement admis. Cependant il a été contesté par M. Laurens, dans ses « *Principes de droit civil*[1]. » D'après cet auteur, il faut au contraire, et cela dans l'intérêt général, restreindre autant que possible la sphère d'action des personnes morales. Au principe énoncé plus haut, il faut en conséquence substituer celui-ci : *La capacité juridique de chaque être moral se règle uniquement d'après le degré d'activité qui lui est rigoureusement nécessaire pour atteindre son but.* En effet, tout est ici d'exception, de fiction. Or aucune fiction ne doit être étendue au-delà du cercle pour lequel elle a été créée. Si donc un être moral peut, rigoureusement, au moyen de l'exercice de certains droits, atteindre le seul but pour lequel il a reçu une vie fictive, il importe de ne pas lui donner d'autres armes, qui pourraient être dangereuses pour la société. Les personnes morales sont à tort appelées ainsi : ce ne sont pas des *personnes* jouissant de la plénitude des droits d'un homme ; ce

1. Liv. I, § 2.

sont des *établissements publics ou privés*, auxquels une fiction donne les moyens d'atteindre un but donné. Hors de ce but, et des actes juridiques qui y tendent, il n'y a point de personnalité. C'est pour cela que les rédacteurs des lois françaises ont évité avec tant de soin le mot de *personne morale*, qui ne se trouve pas employé une seule fois dans les Codes ni dans les lois subséquentes. Il faut donc restreindre la capacité de chaque personne morale d'après son but particulier. Concevrait-on par exemple une fabrique d'église fondant une maison de commerce? ou bien un bureau de bienfaisance devenant agent de change?

Nous ne pensons pas que la capacité des personnes morales doive être entendue ainsi, et nous ne saurions accepter les conséquences que M. Laurens tire de son principe restrictif, notamment en matière de personnes morales étrangères. Quant au nom, d'abord, il appartient plutôt à la science qu'à la loi positive, qui souvent détermine les conséquences pratiques d'un principe, sans poser le principe lui-même. Là où la loi parle d'établissements publics, il s'agit ordinairement d'institutions qui ont réellement un caractère d'intérêt général. Mais cette expression ne saurait comprendre toutes les personnes morales. Ni la loi ni l'auteur cité ne pourraient, par exemple, faire rentrer les sociétés de commerce sous la dénomination d'établissements publics.

Et si le nom de personne morale est généralement adopté par la doctrine et la jurisprudence, c'est que réellement le but de la fiction est l'assimilation aussi complète que possible à la personne ordinaire. Pourquoi reconnaît-on à cette dernière les droits de toute nature que lui donnent nos lois? — Parce que ces droits, cette capacité lui sont nécessaires pour *vivre* dans le sens juridique, et peuvent lui être indispensables à un moment ou à l'autre. Or, quel que soit le but de l'existence d'une personne morale, il lui faut, pour l'atteindre, vivre juridiquement, et par conséquent avoir à sa disposition tous les droits qui ne sont pas incompatibles avec sa nature, ou qui ne lui sont pas formellement retirés.

Comment d'ailleurs déterminer, d'après le but d'une personne morale, les droits qui lui sont nécessaires? Une société d'assurance pourra-t-elle faire acte de commerce, en faisant traite sur ses membres pour faire rentrer les cotisations? Un mont-de-piété a-t-il besoin d'immeubles pour subsister? Un hôpital peut-il faire une donation à un bureau de bienfaisance? etc.; et, si l'assurance ne peut tirer de lettre de change, peut-on en tirer une sur elle? Dans l'affirmative, est-elle autorisée à l'accepter? etc., etc.. On voit qu'en l'absence de restrictions positives dans l'acte d'autorisation qui a créé la personne morale, il est impossible de déterminer les droits de chaque personne morale sans tomber dans une mer de discussions, que la loi a certainement voulu écarter. Du reste il est à remarquer que M. Laurens lui-même s'est gardé de préciser aucunement son opinion sur la capacité à reconnaître aux diverses personnes morales.

Il se borne à constater quelques abus qui pourraient naître de la liberté absolue laissée aux établissements publics, ou bien à certaines associations. Mais d'abord la loi peut facilement, dès le principe, restreindre leur capacité ; c'est ce qui se fait en réalité. Ou bien, si un établissement quelconque se met, non pas à dépasser son but, mais à mésuser de la capacité générale qui lui a été accordée, l'Etat, peut, en vertu de son droit de tutelle et de surveillance, le rappeler à l'ordre. En effet, toutes les personnes morales, publiques ou privées, sont soumises à ce principe incontestable, que l'autorisation peut être retirée comme elle a été donnée ; et dans, le cas où l'Etat ne possède pas un pouvoir de direction, d'immixtion suffisant pour remettre la personne morale sur le droit chemin, il peut toujours recourir à cette *ultima ratio* de la condamnation à mort.

Quant aux sociétés commerciales, que la loi a une fois pour toutes dispensées de la nécessité de l'autorisation, il serait bien difficile de leur refuser, et le nom de personnes morales, et l'assimilation aux personnes physiques. Là en effet, plus que partout ailleurs, se manifeste l'intention de créer un être moral non-seulement aussi capable que chacun des associés, mais jusqu'à un certain point plus capable, ou du moins plus puissant que chacun d'eux. Il est impossible de restreindre les droits d'une société commerciale suivant son but particulier : ou plutôt, toutes les sociétés n'ont qu'un même but, pour lequel il leur faut pleine et entière capacité : réaliser des bénéfices.

Nous retrouverons plus tard, dans la matière des sociétés étrangères, certaines conséquences de la théorie de M. Laurens, conséquences que nous n'admettons pas plus que la théorie elle-même.

En principe donc, les personnes morales jouissent de la même capacité que les personnes physiques [1]. Dans l'étude de leurs rapports juridiques, nous aurons donc à déterminer, soit pour toutes en général, soit pour chacune d'elles en particulier, non pas quels droits leur sont *octroyés*, mais lesquels leur sont *refusés :* en quoi leur capacité est *restreinte*.

Nous avons vu plus haut que la notion de la personne morale doit se tenir dans les limites du droit privé. Mais dans la sphère même du droit privé, leur capacité subit une restriction importante, qui découle de leur nature même. Quand nous reconnaissons aux personnes morales les mêmes droits qu'aux personnes physiques, il ne s'agit bien entendu que des rapports de droit relatifs aux biens. La loi juge inutile de le dire, mais son intention est évidente. On ne comprend guère en effet un mariage entre personnes juridiques, ou entre une personne juridique et une personne physique. Mais l'opinion de Savigny, d'après laquelle tout rapport de famille serait *impossible*, n'est peut-être pas exacte. En effet, la puissance paternelle, par exemple, peut bien être acquise au moyen d'une fiction : l'adoption n'est pas autre chose, et le droit moderne a repoussé l'opinion ancienne, qui étendait la règle *adoptio naturam imitatur*, au point de refuser aux castrats la consolation de l'adoption. Pourquoi une personne morale ne pourrait-elle pas adopter une personne physique, et exercer sur elle, par le moyen de ses représentants ordinaires, la puissance paternelle? De même, la loi pourrait décider que les orphe-

1. M. Lyon-Caen, De la cond. lég. des sociétés étr. en France, N° 8.

lins d'un hôpital sont fictivement les enfants légitimes de cet hôpital. Les administrateurs de l'hospice exerceraient la puissance paternelle comme ils exercent, d'après la loi du 19 janvier 1811, les fonctions de tuteur; mais ce ne serait qu'en qualité de représentants du père, l'hospice.

Il ne paraît donc pas y avoir impossibilité rationnelle à accorder à la personne morale certains droits de famille; mais jusqu'ici le droit n'a pas été si loin: la fiction, dans l'intention de la loi qui la crée, n'existe que dans le domaine du droit des biens. Il faudrait une disposition légale particulière pour l'étendre aux rapports de famille.

La capacité d'une personne morale, avons-nous dit, peut être restreinte par l'acte de l'Etat qui lui accorde l'autorisation. Elle peut aussi être réglée ou restreinte par les fondateurs eux-mêmes. Ces règles particulières à chaque personne morale sont appelées statuts.

La loi romaine disait déjà, comme celle de Solon: « *His autem potestatem facit lex, pactionem quam velint sibi ferre, dum ne quid ex publica lege corrumpant*[1]. » Car les conventions particulières ne peuvent valoir contre l'ordre public et les lois. Et l'on comprend que l'intérêt général ait fait restreindre ce pouvoir de législation intérieure, surtout pour les personnes morales qui ne sont pas soumises à l'autorisation de l'Etat. Ainsi la loi du 14 juillet 1867 sur les sociétés contient des règles d'administration et de surveillance que les statuts doivent toujours respecter.

Quand l'autorisation du souverain est exigée, les

1. Gaïus, 4 C. de coll. et corp, 47, 22.

statuts sont soumis à l'autorité compétente, qui n'accorde son autorisation que si elle trouve les statuts conformes aux lois et à l'intérêt général, et, en cas contraire, exige un changement.

Les statuts d'une corporation ou fondation de caractère public, sont en général établis par l'Etat lui-même.

Un changement dans les statuts donnés à une fondation par le fondateur, est impossible, sans le consentement de ce fondateur, du moins si l'observation des statuts est une condition de la fondation. Lorsque l'Etat est lui-même fondateur, il peut toujours changer les statuts.

Lorsqu'une association privée veut changer les statuts qui la régissent, les règles à suivre sont les mêmes que pour l'autorisation première. En effet, la personne morale n'a été créée que sous telle et telle condition: un changement dans ces conditions remet l'existence de la personne morale en question.

Mais avant de demander l'autorisation nécessaire, il faut que la personne morale manifeste sa volonté de changer les statuts. Quand peut-on dire qu'une société commerciale, ou une association quelconque *veut* ce changement. L'unanimité des voix est-elle exigée?

Il est évident qu'il faut avant tout suivre sur ce point les règles tracées par les statuts, s'il y en a. Même une règle générale établie pour les décisions de la société, sans prévision spéciale du changement des statuts, devrait être suivie. En l'absence de toute règle, il faudrait rigoureusement l'unanimité des voix. Certains auteurs l'exigent[1].

D'autres pensent qu'il faut appliquer ici la règle universelle de la prépondérance de la majorité. Mais nous pensons que le premier système est le meilleur. En effet, ou la durée de la société est limitée, et alors la minorité a droit acquis à l'observation du contrat pendant le temps fixé ; ou elle est illimitée, et alors rien n'empêche les novateurs de se retirer de l'ancienne société pour en fonder ensemble une nouvelle.

L'art. 31 de la loi de 1867 sur les sociétés exige des sociétés anonymes qui veulent changer leurs statuts, outre la majorité ordinaire, la représentation de la moitié au moins du capital social.

1° PATRIMOINE. — DROITS RÉELS[2].

Le caractère principal, à notre avis même le seul, qui distingue essentiellement la personne morale de toute institution analogue, comme l'association et la communauté, est la circonstance que son patrimoine est distinct de celui des associés. C'est là ce que recherchent les fondateurs, et c'est là ce qui donne tant de puissance à la personnalité morale. Le principe *universitas distat a singulis* s'applique à tout rapport de droit, qu'il s'agisse des relations de la personne morale avec les tiers, ou avec les membres de l'asso-

1. Pfeiffer, § 31. Contra, Thibaut, Pandektenrecht, Maurenbrecher, Gœschen.

2. Les règles générales qui vont suivre s'appliquent, en principe, aux fondations comme aux corporations ; mais les premières n'ayant pas de membres, leurs relations sont bien plus simples.

ciation, de droits réels, d'obligations, ou de rapports de procédure.

Ainsi les biens qui appartiennent à la partie morale et qu'on nous permettra de désigner sous le nom inexact de biens sociaux, ne sauraient être considérés comme appartenant aux associés.

De ce principe incontesté découleu ne série de conséquences pratiques très-importantes.

1° Au moment de la constitution de la personne morale, de la société par exemple, la formation du capital social s'opère par une véritable *translation de propriété*, de la part de chaque associé au profit de la société. En conséquence, s'il s'agit d'immeubles, la translation de la propriété ne sera opérée au regard des tiers qu'après transcription de l'acquisition faite par la personne morale.

Cette idée d'une translation de propriété est à la fois très-peu connue du public, et très-répandue. Très-peu connue, car les membres d'une société en nom, par exemple, regardent certainement le capital social commun leur appartenant en commun; très-répandue, car les actionnaires d'une grande compagnie considèrent l'achat d'actions comme un placement de fonds, et se regardent comme assez étrangers à la société elle-même. Théoriquement il n'y a pourtant aucune différence à ce point de vue entre les deux cas.

Cette opération a sans doute le caractère d'un contrat à titre onéreux ; mais ce que les associés reçoivent en échange deleur mise n'est pas comme dans la communauté, ou dans la société romaine, une part idéale, *pro indiviso* dans la mise de leurs coassociés.

2° Le droit que reçoivent les associés en échange de leurs mises, ou que possèdent tous membres d'une personne morale quelconque n'est pas un droit de propriété ; ni aucun droit réel. Sans doute il se peut qu'une personne morale, une commune particulièrement, ait reçu des biens à la charge d'en concéder la jouissance directe à ses membres : elle peut aussi avoir pris d'elle-même une détermination semblable ; mais la source du droit réel est alors une disposition particulière, sortant du droit commun. Et même en ce cas, il peut y avoir un droit réel, mais non un droit de copropriété indivise. Il y aura toujours *jus in re aliena*.

Quelle est donc, en principe, la nature du droit des associés, des habitants d'une commune, etc. ? — C'est uniquement *un droit de créance*, dont l'objet peut être différent, suivant les différentes espèces de personnes morales. Dans une société, l'objet de la créance sera le partage des bénéfices ; dans une commune, le droit à toutes les utilités et améliorations que peuvent fournir les revenus de la commune à la généralité de ses habitants ; dans une association de secours mutuels, le droit aux soins ou aux secours pécuniaires, etc., etc. Mais jamais les membres d'une personne morale n'ont un droit de copropriété sur le fonds social. La conséquence en est que le droit des associés est *mobilier*, quoiqu'il y ait des immeubles dans le fonds social, ou que ce fonds se compose uniquement d'immeubles. Sans doute, dans les sociétés d'intérêt privé, même dans la commune, les membres peuvent avoir aussi un droit éventuel à une part dans le fonds social. Mais tant que la personne morale vit, tant que la commune n'a pas décidé le partage de ses communaux, avec l'autorisation de l'Etat, l'associé, l'habitant, n'ont pas plus un droit de copropriété que l'héritier présomptif pendant la vie du *de cujus*. La mort de la personne morale, la décision de la commune, donnent lieu à une nouvelle translation de propriété, qui a, dans le premier cas, beaucoup d'analogie avec la succession. L'article 529 C au titre de la Distinction des biens, constate le caractère mobilier des « actions ou intérêts dans des compagnies de commerce, de finance ou d'industrie. »

3° Un associé ne peut disposer d'une part indivise du fonds social, comme un communiste. Rien n'empêche ce dernier de vendre sa part dans la communauté, car il est propriétaire. L'associé ne l'est pas. Du reste, d'un côté, la communauté, ou l'association même civile, peut stipuler que le fonds social ne peut être aliéné par les copropriétaires (art. 1860); de l'autre, la personne morale peut être constituée de telle façon, que chaque associé peut à tout instant, et avec la plus grande facilité, aliéner ses droits actuels et éventuels dans la société, sans que pour cela il y ait lieu à dissolution. Ainsi en est-il dans toute société par actions.

4° Puisque le patrimoine de la personne morale et celui des associés sont distincts, et que ces derniers n'ont, ni pour le tout ni pour partie, un droit de propriété sur le fonds social, ils peuvent posséder d'autres droits réels sur les immeubles de la société ; et réciproquement, la personne morale peut jouir de toutes les servitudes personnelles ou réelles sur les biens sociaux.

3° La fondation ou la corporation ayant un patrimoine à elle, distinct de celui des associés, les tiers qui contractent avec elle n'ont à prendre en considération que ce patrimoine, et les sûretés plus ou moins satisfaisantes qu'il leur offre. En cas de poursuites, les créanciers de la personne morale ont seuls droit à se faire payer sur les biens sociaux : ils écartent les créanciers personnels des associés jusqu'à entier paiement. Si la personnalité morale n'était pas reconnue à l'association, les créanciers personnels auraient le droit de concourir avec les créanciers sociaux sur le fonds commun, qui appartiendrait en ce cas par indivis à tous les membres de l'association. On comprend facilement que ce principe augmente considérablement le crédit de la personne morale en comparaison d'une société ordinaire. Les créanciers n'ont point à se préoccuper de la situation de fortune des associés personnellement; si seulement la personne morale, comme telle, possède encore un gage suffisant pour les couvrir, ils sont sûrs d'être payés.

Les créanciers personnels des associés n'ont rien à prétendre sur les biens de la personne morale. Leur droit se borne aux bénéfices, et à la part du fonds social après dissolution de la société.

En principe, la propriété de la personne morale est soumise aux mêmes règles que toute autre propriété. Ainsi le patrimoine d'une association privée, d'une société de commerce par exemple, est régi par les mêmes lois que le patrimoine d'une personne physique quelconque. Lorsque la loi exige pour l'acquisition de la propriété la bonne foi de l'acquéreur, la représentation joue son rôle ordinaire: pourvu que la bonne foi existe chez le représentant, le gérant, elle est censée exister chez la personne morale elle-même. Il en est ainsi pour l'acquisition des meubles et la prescription.

Mais les propriétés des personnes morales publiques présentent des particularités remarquables, quant à la nature même du droit de propriété, et quant au droit de disposition qui appartient en général au propriétaire.

Il y a en effet certains biens, qui sont en réalité hors du commerce, en raison de leur destination d'usage général. C'est ce qu'on appelle les biens du domaine public. Ainsi les routes, chemins, places publiques et rues, les cours d'eau navigables et flottables, etc. La propriété de ces biens n'est, en principe, d'aucun rapport direct pour le propriétaire; au contraire, elle n'est attribuée à telle ou telle personne juridique qu'afin de l'obliger aux soins d'entretien, et aux dépenses de tout genre nécessaires à l'exercice de l'usage public. Ainsi les fleuves appartiennent au domaine public de l'Etat, les routes de 2e ordre, aux départements, les rues, aux communes. Leur droit de propriété ne se manifeste guère que par les dépenses qui leur sont attribuées: l'usage est public; le *frui* est ordinairement nul; l'*abuti* est défendu, et le droit d'exclure les tiers n'existe pas. Le droit de propriété ne se retrouve entier que lors du déclassement de la rue, de la place publique, etc.

D'autres biens de personnes morales, faisant également partie du domaine public, ont une destination moins générale. Ce sont ceux qui sont affectés à un service public et aux besoins de l'administration, ainsi les bâtiments qui renferment les préfectures, les mairies, etc.

Tous ces biens sont *imprescriptibles* et *inaliénables* : la personne morale et ses membres ne peuvent en disposer tant qu'ils n'ont pas perdu leur caractère de destination publique.

Parmi les biens qui sont incontestablement dans le domaine privé, on peut faire pour toute corporation la distinction généralement admise pour les propriétés communales, en biens communaux proprement dits, et biens patrimoniaux. Les premiers sont ceux dont la corporation laisse l'usage commun à ses membres ; les biens patrimoniaux, ceux dont elle retire elle-même les fruits, soit directement, soit indirectement. Le premier cas est celui des prés communaux abandonnés à la pâture de tout le bétail de la commune, le second, celui des prés affermés par la corporation.

En eux-mêmes, ces biens sont aussi aliénables que ceux d'un particulier, sauf, bien entendu, les droits acquis des habitants. Cette aliénabilité est restreinte subjectivement par les lois spéciales qui défendent aux personnes morales d'intérêt public d'aliéner leurs biens, ou de les grever de charges réelles quelconques, sans l'autorisation de l'autorité administrative.

De même que la personne juridique peut être propriétaire, ou copropriétaire par indivis, elle peut avoir des démembrements de la propriété. Ses biens peuvent jouir de servitudes réelles sur d'autres immeubles ; et des fonds étrangers peuvent même être grevés à son profit de servitudes personnelles. Ainsi le Code reconnaît aux établissements publics la capacité de jouir d'un usufruit[1]. Seulement, comme l'existence d'une personne morale peut se perpétuer indéfiniment, et que c'est même là le cas le plus ordinaire, la loi ne veut pas que le nu-propriétaire ne perçoive absolument aucune utilité de sa nue-propriété; et elle établit un délai, au-delà duquel l'usufruit ne peut s'étendre. Seulement, le Code s'écarte de la loi romaine, qui fixait la durée de l'usufruit à cent ans, le plus long terme de la vie humaine; et prend la durée moyenne de cette vie, 30 ans.

On a contesté que l'usage puisse aussi bien que l'usufruit appartenir à une personne morale. L'usage, dit-on, est quelque chose de tout-à-fait personnel, c'est un droit dont l'étendue se règle d'après les besoins d'une personne physique déterminée, et qui ne peut par conséquent s'exercer au profit d'un être purement fictif[2]. Mais cette obligation se réfute ici par les mêmes raisons qu'en droit romain. Si l'usufruit est admis, l'usage y est nécessairement compris. D'un autre côté il n'est pas nécessaire que l'usager jouisse directement, corporellement de son droit. Enfin, surtout, si cette objection mérite considération en droit romain, elle n'a plus d'importance en présence des modifications profondes que les romanistes du moyen âge et nos lois modernes ont apportées à la nature du

1. Art. 619 Cf. 56 D. De usuf. et quemadmodum.
2. Savigny, Syst., II, pp. 189.

droit d'usage, qui n'est plus un droit essentiellement personnel, mais bien un droit aux fruits restreint.

Aujourd'hui que la théorie de la représentation est dégagée de toutes les difficultés du droit romain, les droits réels, notamment la propriété, et aussi la possession, s'acquièrent par les représensants de la personne morale comme par le mandataire d'une personne quelconque.

2° Successions et donations.

A. *Succession légitime.*

Nous verrons plus tard ce que deviennent les biens d'une personne morale qui vient à mourir : il ne s'agit ici que des successions que peuvent recueillir les personnes morales.

Les cas de succession légitime sont infiniment moins fréquents que sous la loi romaine, qui, pour maintenir certaines corporations obligées, leur donnait droit à la succession de leurs membres. Quant à la parenté qui sert ordinairement de base à la succession légale, il est évident qu'il n'en est pas plus question qu'en droit romain.

Il faut cependant remarquer :

Le droit de succession de l'Etat, venant en dernière ligne comme successeur irrégulier. L'Etat n'est autre chose en effet qu'une corporation, dans laquelle vivent toutes les autres[1].

Le droit des hôpitaux sur le mobilier des malades soignés par eux[2].

1. Art. 768.
2. Avis du conseil d'Etat du 8 nov. 1809.

Le droit de succession accordé à ces mêmes hôpitaux sur les biens des enfants mineurs non-émancipés décédés dans l'hospice[1].

B. *Succession testamentaire.*

L'art. 910 C. montre évidemment que la *factio testamenti* passive n'est pas incompatible avec l'idée de la personne morale. Il y a des personnes juridiques qui peuvent succéder en vertu d'un acte de dernière volonté. Mais en est-il de même de toutes les personnes morales? L'art. 910 n'est-il que l'application d'un principe général, ou bien contient-il une disposition de faveur, applicables à certaines classes d'entre elles seulement? Malgré l'opinion généralement adoptée par les auteurs allemands[2], nous pensons que toute personne morale peut, en général, recevoir par testament, comme par donation. Une société commerciale est, à notre avis, aussi capable qu'un hospice à ce point de vue : et nous repoussons ici les conséquences de la théorie de M. Laurens, comme le principe lui-même. La personnalisation donne une capacité entière : tant qu'une loi ou les principes du droit ne restreignent pas cette capacité, elle ne peut être arbitrairement diminuée.

Mais il est bien évident que l'institution contractuelle n'est pas valable à l'égard des personnes juridiques, qui n'ont point de relations de famille. De même, elles ne peuvent être ni grevées de substitution, ni appelées, ni gratifiées en vertu d'un partage d'ascendant[3].

1. Loi du 15 pluv. XIII.
2. Pfeifer, etc..
3. Cf. art. 1048 s., 1075 s., 1081 s..

L'acceptation se fait suivant les règles ordinaires, par les représentants de la personne morale. Mais elle est ordinairement soumise à des restrictions spéciales.

C. *Donations.*

Les donations entre vifs sont, comme les libéralités à cause de mort, en usage très-fréquent au bénéfice des institutions de bienfaisance et religieuses.

On suit également les principes généraux de la matière. Mais le pouvoir d'acceptation provisoire offre une particularité dont nous aurons à dire quelques mots plus loin.

3° OBLIGATIONS.

La personne morale peut contracter des obligations par l'intermédiaire de ses représentants. Elle peut également acquérir des droits de créance.

Mais les obligations actives et passives de la personne morale sont essentiellement distinctes de celles de ses membres : *universitas distat a singulis.*

Du principe général de capacité découlent les conséquences suivantes :

Toute personne morale peut consentir tous les contrats possibles, pourvu qu'ils rentrent dans la sphère du droit des biens. La vente, l'échange, le louage, l'emprunt, lui sont ouverts, et les conséquences de tous ces rapports de droit sont les mêmes pour la personne morale que pour une personne physique quelconque. Ainsi l'obligation de faire se résout pour elle comme pour tout autre débiteur, en dommages-intérêts, lorsqu'elle ne peut plus être exécutée matériellement, ou que le créancier préfère les dommages-intérêts à l'exécution forcée.

Les personnes morales publiques emploient, pour emprunter, un procédé particulier, qui ne s'est développé que dans le droit moderne : C'est l'emprunt divisé à l'infini par l'émission de *papiers publics*, qui sont de véritables *reconnaissances*. Ces papiers, qu'on appelle aussi *titres de rentes* sont tantôt nominatifs, tantôt au porteur ; mais la dernière forme paraît devoir l'emporter de plus en plus sur la première. Le remboursement de l'emprunt s'opère peu à peu, ordinairement par voie de tirage au sort des obligations à rembourser. Il n'est pas rare qu'on attire les capitaux par l'appât de primes plus ou moins fortes, à ajouter au remboursement de certains titres. Cette forme d'emprunt n'est du reste pas nécessairement limitée aux personnes morales. Mais, en fait, il n'y a que l'Etat, les départements, les villes, et les grandes compagnies qui l'emploient. Dans ce dernier cas, les titres sont appelés obligations,[1] par opposition aux actions.

De même que la personne morale est tenue par suite des contrats consentis par ses représentants, de même elle peut être obligée par quasi-contrat. La gestion d'affaire, le paiement de l'indû, la rendent débitrice ou créancière comme tout autre sujet de droit.

Quant aux délits et aux quasi-délits, la question est fort discutable. Sans doute on ne peut guère admettre qu'une personne morale puisse, en raison d'un de ses

1. En allemand on les appelle *obligations de priorité*, puisque les obligataires, créanciers, sont payés, en cas de liquidation, avant qu'on songe à rembourser les actionnaires, débiteurs.

actes, être frappée d'une peine, dans le vrai sens du mot. La personnalité de l'être juridique ne saurait aller jusque là. Mais lorsqu'un fait de ce genre a été commis, ne peut-il en résulter des obligations? Il est évident d'abord que la personne morale peut acquérir des droits de créance en raison de délits ou de quasi-délits commis par des personnes étrangères. Ainsi le particulier qui brise les clôtures de ses propriétés, qui lui détruit des bestiaux, est certainement obligé à réparer le dommage causé. — Mais en est-il de même au point de vue passif? La personne morale ne peut-elle commettre des actes blâmables donnant lieu à une réparation pécuniaire? fabriquer de la fausse-monnaie, nuire à un voisin, donner lieu, par négligence, à la mort d'un ouvrier de fabrique? Nous pensons qu'il y a lieu de distinguer. De même que le mineur incapable de volonté, peut, dans certains cas être condamné à des réparations civiles, de même la personne morale pourra être responsable, non des délits, mais des fautes de ses représentants agissant comme tels. La faute délictuelle est en effet pour ainsi dire inhérente à la nature humaine et personne ne voudrait représenter la personne morale si les administrateurs devaient être rendus responsables de fautes qu'il leur était à peu près impossible d'empêcher. Comment décider, par exemple qu'une société par actions n'est pas responsable de la faute de ses ouvriers, lorsqu'un de ses employés a péri par cette faute dans la fabrique exploitée par la société;[1] ou bien qu'une personne morale quelconque ne peut

1. Art. 1384.

être condamnée à des dommages-intérêts pour avoir élevé un procès vexatoire, etc. etc. ?

Indirectement, du reste, la personne morale peut toujours être obligée *ex re, ex eo quod ad eam pervenit*, comme toute autre personne.

En matière contractuelle, la question n'est pas douteuse : les actes blâmables des gérants engagent la personne morale. La faute, comme le dol, la rendent responsable. Ce sont là en effet des circonstances inhérentes au contrat, des modifications de l'obligation plutôt que des faits indépendants qu'on puisse laisser à la charge d'une autre personne que le véritable contractant. Ainsi la vente passée au nom d'une personne morale sera toujours annulable pour cause de dol; les intérêts moratoires courront contre une ville ou contre une société commerciale aussi bien que contre un individu quelconque.

Pratiquement, cette solution est aussi nécessaire qu'elle est vraie en théorie; et elle est admise non seulement pour les personnes morales, mais aussi pour les mineurs. En effet, si les personnes morales ou les mineurs pouvaient consentir des contrats, acquérir des droits de créance, sans avoir à craindre les effets du dol ou de la faute de leurs représentants, personne ne voudrait contracter avec eux, entrer en relations d'affaires avec des êtres ainsi privilégiés : leur crédit disparaîtrait bien vite, et les prétendus privilégiés seraient bientôt réduits à demander l'abrogation de leur privilége. — Il est évident du reste que dans les deux cas, il y a lieu à recours de la personne morale, ou du mineur, contre le gérant ou le tuteur qui ont mal administré.

La règle : *universitas distat a singulis,* amène pour les corporations des conséquences importantes, en matière d'obligations. Elle se traduit plus spécialement par celle-ci : *Quod universitas debet singuli non debent.* Ainsi en général les associés ne sont pas tenus personnellement des engagements de la société.[1] Et réciproquement, *quod singuli debent universitas non debet :* la personne morale n'est pas tenue des engagements personnels des associés.

Ainsi :

1° Lorsque la personne morale, la société commerciale, par exemple, est créancière ou débitrice d'un tiers, ce tiers n'est pas créancier ou débiteur de chacun des associés pour partie, mais bien de la personne morale comme telle. Il n'y a qu'une seule obligation : le tiers ne connaît pas les associés, il n'a pas contracté avec eux. C'est là le principe général d'où dérivent en réalité les autres règles que nous allons énumérer.

2° De même que la personne morale peut être en relation contractuelle avec des tiers, de même elle peut être créancière ou débitrice de l'un ou de l'autre de ses propres associés. Il ne s'opère en pareil cas aucune confusion, puisque chacun des associés n'a part en aucune façon aux créances ni aux engagements de la société. A ce point de vue, l'associé est réellement un tiers.

3° Quel que soit le débiteur de la personne morale,

1. Nous nous servons ici de la terminologie propre aux sociétés, parce que les sociétés commerciales offrent l'application la plus remarquable et la plus pratique des principes en matière d'obligations.

associé ou étranger, il ne peut être poursuivi par les membres de l'association, personnellement, et en-dehors de leur droit de représentation; et réciproquement, un tiers créancier ne peut les poursuivre pour leur part. Un paiement opéré sur une poursuite de ce genre pourrait être déclaré nul, et le débiteur aurait à payer une seconde fois, sauf bien entendu l'action en répétition de l'indû.

Même lorsque les associés sont obligés indéfiniment et solidairement, le créancier de la société ne peut faire voloir ses droits directement contre eux : il faut qu'il fasse déclarer d'abord sa créance contre la personne morale, représentée par ses gérants ordinaires. Ce n'est pas à dire pour cela que les associés ne soient tenus que subsidiairement.[1] Mais ils ne sont obligés que s'il est reconnu que la société, la personne morale, est engagée[2].

Mais si le créancier de la société n'est pas, en général, créancier des associés pris individuellement, il peut, en vertu de l'art. 1166, exercer les actions de sa débitrice, la société. Si donc le capital social se compose notamment d'actions souscrites, et recouvrées en partie seulement, rien ne l'empêche de faire rentrer ces capitaux.

4° Quand une demande est dirigée par le gérant d'une personne morale contre un tiers, ce tiers ne peut opposer la compensation qui se serait opérée par le moyen d'une dette de l'administrateur. Et, réciproquement, il n'y a point de compensation possible entre

1 Cass., 14. Août 1858.
2 Co. 22.

les créances de l'administrateur et les dettes de la personne morale. Il en est ainsi non-seulement de la compensation, mais de toutes les exceptions personnelles au gérant ou à l'un des membres de l'association ; la remise de dette par exemple, invoquée par un débiteur, et opérée par un sociétaire en-dehors du cas où il représente la personne morale. Ce qui est vrai des exceptions est vrai des demandes reconventionnelles, et aussi des demandes de caution qu'on pourrait être en droit de réclamer. Ainsi la caution *judicatum solvi* ne devra en aucun cas être exigée d'un étranger, gérant d'une personne morale française, et agissant en son nom [1].

4° PROCÉDURE.

Pour que la personnalité ne soit pas un vain mot, et que les engagements pris, soit au profit d'une personne juridique, soit par elle-même, aient une sanction, il lui faut évidemment la capacité d'ester en justice, en demandant, comme en défendant. Restreinte dans son exercice à l'égard des établissements publics, cette faculté n'est pas moins donnée virtuellement à toute personne morale. Et comme la première condition pour procéder régulièrement, est un domicile, toute personne morale a un domicile, qui est fixé par les statuts ou qui se détermine par le lieu du principal établissement. L'art. 69, 1° Pr. détermine où seront assignés l'Etat, les communes, les sociétés de commerce, et les établissements publics [2]. Quoique

1. 166 et 167 Pr.
2. Pr 69, 1°, 2°, 3°, 4° et Sén.-cons. 23 avril 1856, 5°, 6°.

nous parlions de ce domicile au point de vue de la procédure, ce n'en est pas moins un vrai domicile civil, avec les conséquences attachées par la loi à sa détermination. Ainsi la dette d'une personne morale est payable, en l'absence de convention particulière, en son domicile [3]. — Il est évident du reste, qu'il ne saurait être question ici de domicile politique.

Nous avons à signaler en matière de procédure une particularité remarquable, qui découle du reste naturellement du principe de la personnalisation. La partie en cause dans un procès soutenu par une société de commerce, une commune, une congrégation autorisée, etc., n'est pas l'ensemble des membres : c'est l'être juridique lui-même. Il n'y a donc pas lieu à assigner tous les membres de la corporation; mais seulement les représentants; et, d'un autre côté, la règle que « nul en France ne plaide par procureur » n'est pas violée si le représentant n'est indiqué dans la procédure que par ses fonctions et non par son nom. Du reste beaucoup d'auteurs admettent que lorsqu'une association quelconque est organisée sous la forme d'une société commerciale, il n'est pas nécessaire d'assigner chacun des associés personnellement.

5° COMMERCE.

Il y a certaines personnes morales qui ont virtuellement et nécessairement le droit de faire le commerce, puisque le négoce est la seule raison d'être et le seul but de leur existence. Il en est d'autres au contraire qu'on se figure avec peine exerçant un trafic ou une

3. 1247 Cf. 2018 etc

industrie quelconque. Et c'est là un des arguments invoqués par la théorie qui prétend restreindre autant que possible les droits des personnes morales. Il est impossible, dit-on, qu'une fabrique d'église, un hospice, etc., puissent arbitrairement se mettre à faire le commerce ou à monter une fabrique. A cela nous répondrons que s'il y a difficulté, il n'y a pas impossibilité; et que si un établissement public peut cultiver lui-même ses terres, on ne voit pas pourquoi il ne pourrait pas les utiliser en y installant une industrie, comme le peut faire incontestablement une personne morale privée. S'il y a abus, la vigilance de l'Etat, tuteur général des établissements publics, saura y remédier. Mais il est bien difficile de décider *à priori* que toute personne morale autre que les sociétés commerciales soit incapable de tout acte de commerce quelconque. Pourquoi empêcher par exemple une fondation de bienfaisance de créer des lettres de change pour faire rentrer les cotisations qui la soutiennent?

6° DROIT CRIMINEL.

La question de savoir si une personne morale peut se rendre coupable d'un crime ou d'un délit est aussi peu discutable en droit moderne qu'en droit romain. C'est uniquement là où il y a intention mauvaise, dessein criminel, qu'une punition est possible. Or une corporation, une ville, une fondation, une personne morale quelconque est incapable de cet élément intentionnel. Lorsque tous les membres du conseil municipal, ou tous les sociétaires, font, par exemple, frapper de la fausse-monnaie au nom de la ville, ce sont eux en réalité qui commettent le délit, en leur propre et privé nom. Leur droit de représentation ne peut aller jusqu'à faire commettre à la personne morale des actes punissables. La personnalisation, et la représentation qui la complète, ne sont instituées que pour les rapports de droit relatifs aux biens.

Il faut donc admettre que ni l'amende, ni la suppression totale ou partielle ne peuvent être prononcées comme peine à l'égard d'une personne morale. En cas de guerre, mais en cas de guerre seulement, le droit des gens fait avec regret une exception relative à l'amende, et l'on voit quelquefois des villes frappées de contributions pour la faute d'un de leurs citoyens. Quant à la suppression, il est incontestable qu'elle peut toujours être prononcée par le souverain qui a donné l'autorisation ; mais c'est là une mesure politique et non pénale.

7° PERSONNES MORALES ÉTRANGÈRES.

La situation juridique des étrangers en France donne lieu à de grandes difficultés en théorie et en pratique. On conçoit sans peine que lorsque cette matière vient se compliquer des questions relatives à la personnalité morale, elle devient l'une des plus ardues du droit. Ce n'est que tout récemment qu'une théorie d'ensemble sur la « condition légale des sociétés étrangères en France[1], est venue résoudre les questions qui s'y rattachent. Dans le peu de mots que nous avons à dire ici de ces relations internationales,

1. Par M. Ch. Lyon-Caen agrégé à la Faculté de Nancy.

c'est l'ouvrage de notre savant professeur qui nous servira de guide.

Indépendamment de toute disposition de loi formelle, le principe de l'assimilation de la personne morale à la personne physique domine la matière: En règle générale donc, une personne morale étrangère doit être assimilée à un étranger quelconque.

Aussi n'a-t-on jamais sérieusement mis en doute que les sociétés en nom collectif et en commandite étrangères ne puissent opérer en France en leur qualité de personne morale [1].

Seul, M. Laurens, s'appuyant sur le principe général qu'il admet pour toutes les personnes juridiques, leur refuse l'existence en France [2]. Mais ce système de restriction n'a point prévalu dans la jurisprudence. De même, le conseil d'Etat a déclaré que les établissements d'utilité publique étrangers constituent en France des personnes morales.

Il ne saurait en être de même des sociétés composées uniquement de capitaux, bien plus dangereuses pour le crédit public que celles où l'on trouve la garantie d'engagements solidaires. Là aussi sans doute, on peut faire valoir l'argument du statut personnel [3], et dire que ces sociétés, ayant une existence légale à l'étranger, sont capables d'opérer en France. Cette raison vient se heurter contre des motifs d'ordre public indiscutables. Il n'est pas admissible que la loi française accorde sans examen à toute

1. Félix, Droit intern. privé, n° 31.
2. Principes de droit civil, tome Ier.
3. Cf. Guyot et Merlin, V° gens de main-morte.

compagnie quelconque fondée à l'étranger le droit d'attirer les capitaux français dans des opérations plus ou moins hasardeuses [1]. Avant la loi du 30 mai 1857, la jurisprudence admettait cependant l'opinion contraire.

Cette loi, rendue spécialement pour les sociétés belges, permet au gouvernement d'accorder à toutes les associations commerciales d'un pays le bénéfice de la personnalité en France, pourvu qu'elles aient obtenu dans leur pays l'autorisation qui leur est nécessaire.

La loi sur les sociétés, du 14 Juillet 1867 n'a pas abrogé celle de 1857 : l'autorisation générale est toujours exigée pour les sociétés anonymes étrangères, quoique la nécessité de l'autorisation n'existe plus en France; en effet elle a été remplacée par tout un système de garanties qui ne peuvent pas se présenter dans les sociétés étrangères.

D'après la loi de 1857, les sociétés autorisées jouissent de tous leurs droits en France « en se conformant aux lois de l'Empire. » Le sens de ces mots est assez obscur. M. Lyon-Caen l'explique en assimilant complètement la société, quant aux questions de statuts, à tout étranger quelconque [2].

Il est évident du reste que c'est la loi du pays où s'est constituée la société qu'il faut consulter, non-seulement pour savoir si elle constitue réellement une

1. Lyon-Caen, op. cit. nos 9 s..
2. n°. 39 s, Paris, 22 Fév. 1868.
3. eod. n° 52 s..

personne morale, mais aussi pour déterminer quels peuvent être ses représentants[3].

Depuis la loi de 1857, on admet presque universellement que les sociétés anonymes étrangères non-autorisées ne jouissent en France d'aucune autre capacité que celle de pouvoir être assignées comme sociétés de fait. Elles sont alors considérées, pour les besoins de la cause, comme des êtres moraux, et assignées par conséquent en la personne de leurs administrateurs.

Quoique les établissements publics étrangers jouissent en France de la personnalité morale, leur capacité ne peut être plus grande que celle des établissements publics français. Le principe d'ordre public qui soumet à l'autorisation de l'Etat tous les actes importants de ces derniers leur est donc applicable.

8° DROIT FISCAL.

Il a été établi sur les biens de main-morte une taxe annuelle, pour représenter les droits de transmission entre-vifs et par décès, dont ces biens ne sont pas susceptibles, à raison de la qualité et du caractère de leurs propriétaires[1]. Créée par la loi du 20 février 1849, elle frappe les immeubles des sociétés anonymes comme ceux des établissements publics. Cette taxe se perçoit en outre de l'impôt foncier, et elle est calculée à raison de 62 cent 1/2 par franc du principal de la contribution foncière.

1. Cabantous, Droit adm. n° 411.

VII. DES DIFFÉRENTES SORTES DE PERSONNES MORALES, ET DE LEURS RÈGLES SPÉCIALES.

ÉTABLISSEMENTS PUBLICS.

Nous réunissons ici certaines particularités qui dérivent toutes de la même idée d'intérêt général et de bonne administration, qui constituent des règles communes à tous les établissements publics, et qui doivent trouver leur place avant les règles de détail. Il nous est, bien entendu, impossible d'entrer dans tout le détail des lois administratives à ce sujet, et d'énumérer les règles spéciales à chaque être juridique. Nous voulons seulement indiquer en peu de mots ce qui reste à dire de la capacité des personnes juridiques dans notre droit positif, puis énumérer rapidement les institutions qu'on doit considérer comme de vraies personnes morales.

Les établissements publics jouissent en principe de l'autorisation générale tacite de former des personnes morales.

La surveillance, ou plutôt la haute tutelle de l'État s'exerce à leur égard avec une activité très-intense. L'État, en effet, directeur souverain de tout ce qui regarde l'intérêt général, ne peut les laisser jouir d'une complète indépendance. D'un autre côté, leur position, analogue à celle des mineurs, leur incapacité personnelle d'agir, leur fait accorder certains priviléges.

Il y a donc deux espèces de dérogations au droit commun : les unes sont conçues dans une idée restrictive, les autres dans un sens extensif de la règle générale. Mais, en réalité, les premières comme les secondes sont établies pour la plupart dans l'intérêt de l'établissement lui-même.

On a vu plus haut que certains biens appartenant à des personnes morales sont inaliénables et imprescriptibles. Ce principe n'est applicable qu'au domaine *public* de l'État, des départements, des communes. Mais si les biens du domaine privé ne sont pas inaliénables par eux-mêmes, il est défendu aux établissements publics de les aliéner, comme du reste de faire un acte important quelconque, sans l'autorisation administrative. L'acquisition, l'emprunt dans certaines limites, la soumission à une hypothèque, la transaction exigent la même formalité. Le décret de décentralisation, de mars 1852, a du reste augmenté à cet égard les pouvoirs des préfets. Il n'est plus nécessaire aujourd'hui, pour la moindre aliénation, le plus petit achat immobilier à faire par une commune ou un hospice, d'impétrer une décision ministérielle ou un décret du chef de l'État[1].

Du reste, l'autorisation une fois obtenue, les acquisitions, ventes, baux etc., restent soumis à des formes et à des garanties spéciales. Ainsi toute vente se fait, sauf les exceptions indiquées par la loi, par adjudication publique.[2]

Parmi les actes dont la loi tient le plus à enlever l'appréciation aux établissements publics, se trouve

1. Communes, 46, IV, l. du 20 avril 1837 ; Décret des 25-30 mars 1852, Tabl. A, n° 21. — Hospices, Déc. de décent., art. 1, Tabl. A, n°s 41 et 45 ; art. 10 L. 1, 3 août 1851, etc. etc..

2. L. 5 août 1791, arrêté du 7 germ. IX, Avis du C. d'Ét. 3 sept. 1811.

l'acceptation des libéralités qui leur sont faites, soit entre vifs, soit à cause de mort. Cette disposition a même pris place dans le Code, qui exige l'autorisation gouvernementale, dans les art. 910 et 937[1]. C'est ici en effet que se manifeste particulièrement le danger d'une liberté complète laissée aux gens de mainmorte. L'intérêt public d'un côté, l'intérêt des familles de l'autre, l'intérêt de la morale enfin, et la crainte d'influences condamnables ont dû nécessairement amener à restreindre la capacité des établissements publics[2].

Du reste, c'est, à vrai dire, moins la capacité elle-même des établissements publics qui se trouve diminuée, que l'exercice de cette capacité.

L'autorisation peut dans certains cas être donnée par des autorités déléguées : un décret n'est pas toujours nécessaire[3].

Les lenteurs que peut entraîner l'obtention de l'autorisation pourraient avoir des conséquences fâcheuses. Aussi les communes, et plus tard les hospices et les départements ont-ils été admis à accepter les donations à titre conservatoire, de façon à ce que le décret ou l'arrêté qui intervient ensuite ait effet du jour de l'acceptation provisoire[4].

La demande en délivrance peut être introduite dès le jour de l'acceptation provisoire ; dès lors, non seule-

1. L'art. 910 n'est pas limitatif, et s'applique aussi aux communes et aux départements. — Demante, IV, n° 31 bis; C. Demolombe, Donat. I, 595.

2. Ricard, Don. n° 614. Circ. du Min. de l'Int. 5 juill. 1863.

3. Comm., L. 18 juillet 1837, art. 48; Établ. eccl., 2 avril 1817, art. 1; Déc. 25 mars 1852, Avis C. d'État 27 déc. 1855.

4. L. 18 juillet 1837, 48 f.; L. 10 mai 1838, 31 f.; L. 7 août 1851, art. 11.

ment en matière de donations le droit est fixé, mais même en matière de legs, les fruits ou intérêts sont dus à partir de ce jour.

L'acceptation, soit provisoire, soit définitive, est faite par les administrateurs de l'établissement public[1].

L'art. 942 n'établit pas de recours au profit de ces établissements contre leurs administrateurs, dans le cas où ceux-ci auraient négligé de faire transcrire la donation. L'Ordonnance de 1731 le leur accordait formellement. Il n'en faut pas conclure a contrario, dit M. Demolombe, que leur responsabilité ne soit pas engagée[2].

Une des garanties les plus efficaces données aux établissements publics est l'hypothèque légale que leur accordent l'art. 2121 et les lois spéciales[3] sur les biens de leurs administrateurs. La doctrine et la jurisprudence excluent de ce bénéfice les « institutions et les associations d'ordre privé, dont l'existence, comme personne morale, a été autorisée à titre d'établissements *d'utilité publique.* » Telles sont les caisses d'épargne et les sociétés de secours mutuels[4]. Il en est de même des corporations religieuses et des institutions ecclésiastiques reconnues par la loi, telles que les fabriques d'église et les séminaires. Le criterium à suivre est le mode de gestion et de comptabilité. Alors

1. 937 C.

2. O. 1731, art. 14. 28, 29, 32 ; Demolombe, Donat. III, n° 211. Aubry et Rau, VI, 82, note 3.

3. L. 5 sept. 1807 etc..

4. Déc. du 31 mai 1862 portant règlem. gén. s. la comptab. pub. ; Civ. rej. 5 mars 1856, Liv. 56, t. 517 ; Civ. Cass. 8 j juill. 1856, Liv. 56 I 878. Aubry et Rau, II 2e p., § 264, 4°. Contra P. Pont, n° 505.

seulement que les deniers peuvent être considérés comme deniers publics, et que les comptes sont soumis à la juridiction administrative, il y a établissement public et par conséquent hypothèque légale. Il ne s'agit du reste jamais que des fonctionnaires qui ont un maniement de fonds.

L'exercice du droit d'ester en justice est restreint pour les établissements publics, et soumis à une autorisation du conseil de préfecture. Soit en demandant, soit en défendant, ils doivent être munis de cette autorisation[1]. La même exigence est admise par analogie pour les bureaux de bienfaisance comme pour les hospices, et du reste plusieurs textes la supposent. Mais on ne peut l'étendre à tous les établissements quelconques[2].

Quant au département, c'est le conseil général qui autorise le préfet à le représenter en justice[3]. L'Etat ne peut ester en jugement qu'après l'accomplissement de certaines formalités.

Les affaires concernant l'Etat, les communes, les établissements publics, sont dispensées du préliminaire de conciliation, et communicables au ministère public[4].

La restitution en entier de l'ancienne jurisprudence a passé dans le droit moderne. Aux termes de l'art. 481 Pr., l'Etat, les communes et les établissements publics sont reçus à se pourvoir en requête civile s'ils n'ont été défendus, ou s'ils ne l'ont été valablement.

1. L. de 1837, pass. ; Arr. 7 Mess. IX art. 11 s. ; L. 7 août 1851 art. 10; Déc. du 30 déc. 1807, art. 77.

2. Aubry et Rau I, § 54 n° 40.

3. L. 18 juillet 1866.

4. Pr. 49 et 83.

On se demande s'il faut entendre par ces derniers mots de l'article l'omission de formalités nécessaires, comme par exemple l'absence de l'autorisation administrative ; ou bien si le fait d'avoir omis des moyens, d'avoir présenté une défense incomplète, peut donner ouverture à requête civile indépendamment de toute irrégularité de procédure. Il est certain que cette dernière interprétation est celle des anciens commentateurs de l'Ordonnance de 1667[1].

De l'Etat.

La personnalité morale de l'Etat n'est pas discutable. Elle se manifeste par la capacité qui lui est reconnue d'avoir des biens et de les administrer avec les mêmes droits et les mêmes obligations en général qu'un particulier. L'Etat est une grande corporation, au sein de laquelle vivent toutes les autres. Indépendamment du domaine public, l'Etat possède des biens considérables, gérés par l'administration des domaines et l'administration forestière. Ils sont, en principe, aliénables et prescriptibles ; mais il y a exception pour les grandes masses de forêts nationales[2], et, d'après le sénatus-consulte du 12 décembre 1852, pour les biens du domaine de la couronne.

Départements.

Originairement les départements[3] n'étaient pas des personnes morales ; ils n'avaient pas hérité des biens des anciennes provinces. Le décret du 6 avril 1811

1. O. de 1667 XXXV, 35 ; — Boitard, Pr., sur l'art. 481.
2. L. 22 nov. 1er déc. 1790 ; art. 2227 C. ; L. 2 niv., IV.
3. Décr. 22 déc. 1789.

leur reconnut formellement la capacité d'être propriétaires.

Le département est représenté par le préfet comme pouvoir d'action, par le conseil général comme corps délibérant. Leurs attributions respectives ont fréquemment changé, et sont certainement destinées à varier encore.

Les arrondissements et les cantons ne sont que de simples circonscriptions administratives ou judiciaires qui ne jouissent pas de la personnalité morale.

Communes.

La commune doit nécessairement pouvoir être propriétaire et vivre de la vie juridique; c'est la division du territoire qui touche du plus près aux individus physiques, et qui se trouve perpétuellement en rapport avec eux.

De même que l'Etat et les départements, les communes ont un domaine public et un domaine privé. Le premier est complétement hors du commerce. Le domaine privé peut se distinguer en biens patrimoniaux et en communaux proprement dits. La commune exploite les premiers comme tout particulier, soit en les faisant cultiver elle-même, soit en les affermant. Quant aux seconds, elle ne s'en réserve que la nue-propriété, et en abandonne l'usage ou les fruits aux habitants.

Le domaine privé des communes a passé par bien des vicissitudes. La veritable origine en est fort difficile à déterminer, et l'on a beaucoup discuté sur le point de savoir si les communes avaient été spoliées

(1) L. 18 Août 1792 ; 10 Juin 1793.

par les seigneurs, ou si les concessions faites par ceux-ci étaient de pures libéralités.

En 1792 et 93 furent rendues plusieurs lois destinées à favoriser la reconstitution du domaine des communes [1]. D'autres au contraire prescrivaient le partage des biens communaux entre tous les habitants. Ces dernières furent peu exécutées, jusqu'au jour où elles furent enfin définitivement abrogées[1]. La détresse du trésor public en 1813, donna ensuite lieu à une véritable expropriation des communes au bénéfice de la caisse d'amortissement. Elles rentrèrent dans leurs droits en 1816 [2].

L'administration municipale se compose, comme celle du département, d'un corps délibérant et de représentants actifs : le maire et les adjoints. C'est le maire, à son défaut, un adjoint qui représente la commune dans les actions judiciaires; c'est encore le maire ou l'adjoint qui figure dans les ventes, les acquisitions, tous les actes juridiques quelconques.

Il agit seul lorsqu'il n'est question que d'actes conservatoires ou de gestion. Dans les autres cas, il faut une décision du conseil municipal.

De la personnalité de la commune découle la conséquence que tout habitant qui la quitte pour aller s'établir ailleurs perd les avantages personnels qu'il pouvait précédemment percevoir, à raison de son domicile, sur les communaux du lieu. Il en serait ainsi des affouages qui se distribuent à chacun pour son

1. L. 14 Août 1792 ; 10 Juin 1193 ; — 21 prairial IV ; — 9 vent. XII.

2. L. 20 Mars 1813 ; — 23 Sept. 1814 ; — art. 15 L. 28 Avril 1816. L'art. 542 C. est inexact en parlant des droits acquis des habitants sur les biens de la commune. La propriété est au corps moral.

chauffage, mais non des droits attachés aux héritages eux-mêmes pour leur utilité, car ces droits de servitude réelle sur les fonds communaux s'exercent au profit du possesseur de l'héritage, indépendamment du domicile [1]. »

La cour de cassation a jugé que les dettes des communes n'obligent pas les habitants, et ne peuvent en principe, être recouvrées sur eux ; mais que la commune peut dans certaines circonstances imposer aux habitants une contribution destinée à les payer [2].

Il existe pour les communes une dérogation remarquable au principe que les droits de la personne morale, étant essentiellement distincts de ceux de ses membres, ne peuvent être exercés par ceux-ci à moins d'un mandat, qui engage alors la personne juridique. D'après la loi du 18 Juillet 1837, « tout contribuable inscrit au rôle de la commune a le droit d'exercer à ses frais et risques, avec l'autorisation du conseil de préfecture, les actions qu'il croirait appartenir à la commune ou section, et que celle-ci, préalablement appelée à en délibérer, aurait refusé ou négligé d'exercer [3]. » La commune est du reste, en ce cas, mise en cause, et le jugement qui intervient a à son égard force de chose jugée.

Des Sections de Communes.

L'existence des sections de communes offre au point de vue des principes du droit une anomalie considérable. Nous avons vu en effet que les per-

1. Dalloz, v° Communes.

2. Cass. 13 Déc. 1843. Dalloz, eod. n° 1809.

3. Art. 49 Cf. Proudhon, Dom. pub. II, 642 s. ; Merlin, Rép., v° Vaine-pâture. § 5. — O. c. d. Et. 2 Oct. 1814.

sonnes morales ne peuvent se créer arbitrairement, et qu'il faut toujours un acte du pouvoir souverain pour en établir. Les sections de commune dérogent à cette règle. Mr Vivien, dans son rapport sur la loi du 18 Juillet 1837, pense même qu'on doit entendre par section de commune « toute portion habitée du territoire. Qu'elle ait, ou non, des droits, des propriétés, une origine distincte, il est juste qu'elle soit représentée par des organes distincts [1] .» Proudhon donne une définition plus restrictive, et généralement adoptée. Il faut d'après lui que le territoire habité dont il s'agit, possède des droits à titre de personne morale, et non *ut singuli*; des droits de jouissance à feux croissants et décroissants ; et cela, soit de temps immémorial, soit par suite de concession autorisée [2].

En fait, il existe en France plus de 30.000 sections de communes [3], dont l'origine remonte soit à l'ancien régime, soit à la loi du 10 Juin 1793, soit aux nombreuses réunions de communes opérées depuis. Leur existence est reconnue par plusieurs textes [4], et elles sont toujours assimilées aux communes. Ce sont donc des communautés territoriales. Il a été plusieurs fois jugé que bien que leur circonscription ne soit pas exactement définie, il ne faut pas que la partie de commune dont s'agit ait été érigée en section par le pouvoir administratif [5]. On peut les définir, des portions territoriales habitées dont les habitants jouissent ut universi de droits quelconques.

1. Rapport, n° 148.
2. Proudhon, Domaine de prop. n° 870. — Cf. Dalloz, eod. n° 1467.
3. Journal des Economistes, Avril 1863.
4. L. 10 juin 1793 ; Fo. 1-72.
5. Bourges, 19 Déc. 1838 D. v° Communes.

On a prétendu que les sections ne constituaient pas des personnes morales ; et en effet l'art. 542 du Code ne les mentionne pas à côté des communes ; mais cette omission est réparée par d'autres lois qui ne font aucune différence entre une commune et une section [1].

Il importe du reste, en l'absence de toute décision administrative, de ne pas confondre une simple communauté, une propriété par indivis, avec une section de commune formant un être moral. Comme il s'agira le plus souvent de véritables *communaux*, le critérium le plus facile à suivre sera celui qu'indique Proudhon : La jouissance des affouages etc., étant attachée à l'incolat, il sera assez facile de suivre si les changements de domicile dans les hameaux ont amené des cessations de jouissance, et si les nouveaux habitants ont eu part aux distributions [2]. Le paiement des impôts, celui de la taxe des biens de main-morte pourront également servir de preuves.

Avant la loi communale de 1837, il régnait une grande incertitude sur le point de savoir ce que devenaient les biens d'une commune réunie à une autre et anssi d'une section de commune érigée en commune séparée, ou réunie à une autre commune. Dans le premier cas surtout, les deux personnes morales fusionnent-t-elles, ou bien l'ancien être juridique continue-t-il sous le nom de section, de façon à ce que les habitants quels qu'ils soient, du territoire de la commune supprimée, aient toujours seuls droit à la jouissance de ces biens. Les art. 5 et 6 de la loi de

1. L. 10 Juin 1793 ; C. Fo , L. 18 Juillet 1837.

2. Traité des droits d'usage, n° 726. c. d'Etat, 10 Janv. 1845 ; Besançon, 27 Fév. 1826; Civ. Rej. 16 Fév. 1859 ; Civ. Rej. 6 Avril 1859. Aucoc, Revue crit., 1863, 2° sem ;

1837 tranchent ces questions dans le sens le plus équitable, et dans le sens de la jurisprudence antérieure, en laissant à chacun ce qui lui appartient. Ainsi les habitants d'un hameau réunis à une commune n'ont pas droit à une part d'affouage dans cette commune[1]. Seulement, en cas de réunion d'une section de commune à une autre commune, « les édifices ou autres immeubles servant à usage public, situés sur son territoire, deviennent propriété de la nouvelle commune. » En effet, la destination de ces bâtiments empêche de les donner primativement à la section de commune. En général, du reste, l'acte du pouvoir qui prononce la séparation doit régler les questions de domaine qui en dépendent[2].

Sous le rapport administratif, les sections font partie de l'unité communale ; de même, c'est le maire qui, en général, les représente devant les tribunaux. Mais quand c'est contre la commune elle-même que le procès doit se soutenir, la loi organise une représentation particulière. Le préfet choisit dans la section une commission syndicale[3]. La nécessité de l'autorisation administrative existe du reste pour les sections de communes aussi bien que pour les communes elles-mêmes.

Établissements publics de bienfaisance.

Les principes du christianisme ont fait disparaître complètement la doctrine ancienne d'après laquelle

1. Déc. 17 Janvier 1813. Cf Merlin, Rép. V° Communaux, § 1. Proudhon, Usuf. VI, n° 2834, art. 1-8.

2. Rapport de M. Vivien sur la loi du 18 Juillet 1837.

3. 56. L. 18 Juillet 1837. Cf. Arrêté 23 germ. XI, 14 Avril 1803.

les pauvres et les malades, n'étant que des personnes incertaines, n'avaient pas droit à recevoir des dons ou legs, et ne pouvaient être propriétaires. Le droit romain dans son dernier état, tournait déjà la difficulté en attribuaut aux hospices les libéralités de bienfaisance. Notre droit a été plus loin, et a même constitué, outre les hospices, une personne morale spéciale, destinée, d'un côté à soulager les pauvres, de l'autre à les représenter. Ce sont les bureaux de bienfaisance. N'y en eût-il pas dans une commune, on attribue à la commune, les legs faits aux pauvres, de sorte que la destination véritable étant considérée comme une charge, le legs ne manquera jamais de trouver un intermédiaire quelconque qui l'emploiera aux intentions du testateur.

Les *bureaux de bienfaisance* ont été établis par la loi du 7 frim. V ; ils ont pour but des distributions de secours à domicile. Ils sont administrés par une commission choisie par le préfet. Ce sont du reste, des établissements purement communaux [1].

Les *hospices*, hôpitaux, asiles d'aliénés, etc., sont communaux, départementaux, ou nationaux, tout en étant indépendants comme personnes morales. Leur existence, un moment compromise sous la révolution fut bientôt reconnue de nouveau par un grand nombre de lois, et notamment par le Code civil. [2].

La commission administrative est choisie par le préfet, comme pour les bureaux de bienfaisance ; mais l'administration municipale a le droit de vérifier

1. L. 7 frim. V, 20 vent. V ; Déc. 17 Juin 1852.

2. Le 23 mess. II (11 Juillet 1794) ; 13 brum. II ; 16 vend. V. art 910 C. ; O. 2 avril 1817, L 7 Août 1851 ; Décret de Décent..

et de régler les comptes[1]. — Les asiles d'aliénés sont représentés par le préfet, leur commission n'étant que consultative.

Établissements religieux.

Certaines personnes morales d'ordre religieux se lient à notre organisation administrative, existent nécessairement, et sont réglées par des lois spéciales.

Ce sont les archevêchés et évêchés [2], les menses épiscopales, et curiales [3], les chapitres, les séminaires [4], les fabriques [5], les consistoires protestants et israélites [6].

La fabrique, qui représente la paroisse, est administrée par un conseil à la nomination duquel concourent originairement l'autorité civile et l'autorité religieuse, et qui se renouvelle ensuite lui-même périodiquement.

Pour les cures et évêchés, ils sont représentés par le titulaire de la fonction.

Mais il existe d'autres institutions religieuses qui ne touchent en rien à notre organisation administrative et qui soulèvent des questions de la plus haute importance. Ce sont notamment les congrégations religieuses. L'Eglise prétend avoir droit à la personnification civile pour tous les établissements qu'elle juge nécessaire[7]. Voici l'éloquente réponse de M. Troplong

1. L. 18 Juillet 1837, art. 21, 6°.
2. L. 2 Janv. 1817, O. 2 Avr. 1817.
3. Déc 6 Nov. 1813.
4. Eod.; L. 23 vent. XII.
5. Art. 7 therm. XI. Déc. 30 Déc. 1809.
6. O. 25 Mai 1844; Déc. 26 Mars 1852.
7. Phillips, Kirchenrecht, II, 585 s.

à ces prétentions : « Une Congrégation religieuse est beaucoup plus qu'une association formée pour le commerce ou pour mille choses passagères et viagères ; elle n'est pas formée à temps, elle est formée à perpétuité ; elle ne possède pas comme un particulier qui aliène, qui meurt, qui transmet, qui prend part au mouvement général des affaires ; elle possède pour conserver toujours, pour immobiliser, pour amortir, pour survivre aux générations, et sortir, plus manifeste et plus solide, de leur poussière. Voilà quelle est la nature, je dirai même l'essence d'une congrégation religieuse ; il suit de là qu'une telle société ne saurait se passer d'un établissement légal, parce qu'elle touche au droit public, à la police publique, à tout ce qu'il y a de grave dans l'Etat. »

Aussi les congrégations religieuses, entièrement supprimées par les lois des 13-19 janvier 1790, 18 août 1792 et 11 germinal X, ne peuvent exister en France que sous la condition de l'autorisation du souverain. Les décrets des 3 messidor an IV et 18 février 1809, en autorisant les communautés hospitalières, reconnaissaient au chef de l'Etat le droit d'accorder d'autres autorisations. Les lois du 2 janvier 1817 et 24 mai 1825 exigèrent une loi, sauf pour les congrégations religieuses de femmes existant de fait avant 1825. En 1850, on parut admettre que les ordres voués à l'enseignement pourraient être autorisés par simple décret rendu en Conseil d'Etat, comme établissements d'utilité publique. Enfin le décret présidentiel des 31 janvier - 16 février 1852 admet l'autorisation par simple décret quand la congrégation nouvelle déclare adopter des statuts déjà approuvés pour une autre. Du reste un décret a toujours suffi pour l'établissement d'une succursale.

Quant aux congrégations non-enseignantes d'hommes, et à celles de femmes établies depuis 1825, une loi est indispensable pour les reconnaître [2].

Une fois la personnalité acquise, les congrégations sont soumises, en général, au droit commun des personnes morales, et même en partie à celui des établissements publics. Leur importance leur donne en effet, jusqu'à un certain point, ce caractère. Ainsi elles ne peuvent ni aliéner, ni acquérir sans autorisation nouvelle [3]. Les congrégations de femmes ne peuvent recevoir aucune libéralité à titre universel, ni recevoir d'un de leurs membres des libéralités excédant le quart des biens du donateur, à moins que ce quart ne soit inférieur à 10,000 francs. Cette disposition a abrogé celle plus radicale de la loi de 1809, relative aux religieuses hospitalières. Enfin, d'après une ordonnance de 1831, ne pourront être présentées à l'autorisation, les donations faites à des établissements ecclésiastiques ou religieux avec réserve d'usufruit en faveur du donateur [4].

La question de savoir si les congrégations religieuses ont besoin de l'autorisation administrative pour ester en justice est fort discutée. Nous ne pensons pas qu'on puisse étendre jusque là les dispositions de lois faites pour d'autres établissements publics.

1. L 19 janv., 26 fév., 15 mars 1850, art. 31, 34 et 79. Cf Déc. 6 mai 1853. Aubry et Rau, I, § 54 note 18.

2. V. plus haut les conséquences du défaut d'autorisation.

3. L. 24 mai 1825; L. 2 janv. 1817.

4. O. 14 Janv. 1831.

ÉTABLISSEMENTS D'INSTRUCTION.

L'Université formait autrefois une vaste personne morale, représentée par le grand-maître[1]. La personnalité est aujourd'hui fractionnée entre les divers établissements d'instruction publique, qui sont capables de posséder des biens en leur particulier, quoique l'ensemble de l'ancien domaine universitaire ait été réuni au domaine de l'Etat[2].

CORPORATIONS INSTITUÉES PAR LA LOI.

Les auteurs ne sont pas d'accord sur le véritable caractère à reconnaître aux chambres syndicales des avoués et des huissiers, aux chambres de notaires, aux colléges d'avocats. MM. Aubry et Rau, dans leur 4e édition, viennent de retirer l'opinion qu'ils avaient antérieurement enseignée, à savoir que ces associations ne sont pas des personnes morales. Ce système s'appuyait sur ce que l'association n'aurait pas, comme telle, d'intérêts distincts de ceux des officiers ministériels qui la composent. Or cette allégation repose sur des bases peu solides. Si la loi a organisé là de véritables corporations, munies d'une administration et de garanties suffisantes, ce n'est pas exclusivement dans l'intérêt des membres présents à un moment donné, mais aussi dans celui des membres futurs, et surtout dans l'intérêt de la prospérité et de la dignité de la corporation, de l'ordre lui-même. Il n'y a donc pas confusion entre le collége et ses membres ; partant,

1. Déc. 17 mars 1808 ; Déc. 1808 ; O. 2 avril 1817.
2. L. 7 août 1850.

point de copropriété des biens, et, en conséquence, aucun empêchement à l'existence de la personne morale que l'apparence décèle. Ce qui décide MM. Aubry et Rau à changer d'avis, c'est précisément « que ces colléges et compagnies forment de véritables corporations instituées et organisées par la loi [1]. »

Les mêmes auteurs ajoutent, à peu près pour les mêmes motifs, à la liste des personnes morales, les chambres de commerce et autres institutions analogues.

ÉTABLISSEMENTS DIVERS D'UTILITÉ PUBLIQUE

Nous n'avons fait jusqu'ici qu'une énumération d'espèces particulières d'établissements publics. Il est évident que cette énumération ne saurait être complète, en ce sens que le souverain peut toujours en créer de nouvelles, qui participent jusqu'à un certain point de la nature des établissements publics. On les appelle établissements d'utilité publique. C'est là en effet la forme employée pour l'autorisation des personnes morales : une déclaration d'utilité publique faite par un décret rendu en Conseil d'État. Mais nous croyons que la pratique n'est pas toujours aussi rigoureuse que la théorie, et que bien souvent des institutions qui sont réellement d'utilité publique, mais qui n'ont pas été formellement déclarées telles, sont autorisées à recevoir des libéralités, et par là, implicitement reconnus comme personnes morales. Mais, en règle, la déclaration d'utilité publique est toujours

1. Aubry el Rau, 4e édit. I, § 54 n. 14. — Cfr. Arr. 15 frim. IX, Déc 14 juin 1813, O. 14 janv. 1843 etc.

nécessaire. C'est du reste une forme qui s'applique à tout, aux associations littéraires, industrielles ou de charité, comme aux fondations.

SYNDICATS.

Nous arrivons aux personnes morales privées. Les syndicats participent déjà beaucoup plus de ce caractère que de celui d'établissements publics.

Les associations syndicales étaient de simples associations civiles avant la loi du 21 juin 1865, qui en a fait des personnes morales. L'article 5 de cette loi ne fait aucune distinction à cet égard, suivant que l'association est libre ou autorisée.

D'après la même loi, le choix des syndics est laissé à l'assemblée générale : le préfet n'intervient que lorsque les propriétaires ne peuvent parvenir à se mettre d'accord.

Dans le cas où l'administration a le pouvoir d'établir un syndicat forcé, il n'y a pas moins constitution d'une personne morale.

SOCIÉTÉS COMMERCIALES.

Quelles que soient la nature et la forme des sociétés de commerce, il est certain qu'elles sont toutes des personnes morales. Non pas que ce mot soit prononcé, soit dans le Code de commerce, soit dans le Code civil; mais l'un et l'autre de ces Codes leur donnent des attributions qui ne peuvent être que des conséquences de la personnalité.

Un texte notamment est formel et concluant à cet égard : c'est l'article 529 C.

Il déclare meubles « les actions ou intérêts dans des compagnies de finance, de commerce ou d'industrie, encore que des immeubles dépendant de ces entreprises, appartiennent aux compagnies. » Il est évident que s'il en est ainsi, c'est que la propriété du fonds social ne réside pas sur les associés *pro indiviso*, mais sur un sujet particulier, qui n'est autre que la personne morale.

Dans les sociétés anonymes se retrouve l'expression la plus complète de l'idée de la personne morale. Là, en effet, l'individualité des associés n'a aucune importance : ils se succèdent l'un à l'autre sans grande formalité : la qualité d'associé se transmet même souvent par la simple remise du titre. La responsabilité est limitée par le contrat, et la faillite de la société n'entraîne nullement celle des sociétaires.

Il en est autrement des sociétés en nom collectif et des commandites. L'existence de la personne morale y dépend de la composition de la société. Que l'un des sociétés en nom, que l'un des commandités se retire ou vienne à mourir, la société se trouve dissoute de plein droit; et même si elle continue en vertu d'une stipulation particulière, ce n'est pas moins, de fait, une nouvelle société qui se fonde.

Il y avait autrefois une différence de plus entre les compagnies anonymes d'un côté, les sociétés en nom ou en commandite de l'autre, c'était la nécessité de l'autorisation à laquelle les premières étaient soumises. Cette exigence a disparu depuis la loi du 14 juillet 1867.

Quelque importante que puisse être la différence

qui s'est maintenue entre ces deux ordres de sociétés commerciales, elles n'en sont pas moins toutes des personnes morales. L'article 529 C. est en effet général. Nous avons exposé plus haut de quelle importance est la personnification pour le crédit des sociétés commerciales, même de personnes.

Quelques difficultés se présentent relativement à l'association en participation [1]. On discute en effet le point de savoir si la participation constitue une société commerciale ; et l'on n'est même pas d'accord sur ce que c'est qu'une participation.

Pardessus, s'attachant au texte de la loi, y voit celle qui est limitée *à une ou plusieurs opérations de commerce*. Dans ce système, elle serait naturellement une personne morale, puisqu'elle est *reconnue* par la loi [2].

D'autres auteurs, tout en adoptant la même base, distinguent ; 1° l'association collective en participation, 2° les comptes en participation, 3° la participation en commandite. D'après Molinier, il y aurait personne morale dans le premier cas seulement, où les associés agissent en commun [3].

Mais d'après un autre système plus généralement suivi, ce qui distingue la participation, c'est que les associés conviennent que les opérations seront faites sous le nom de l'une d'elles, et non pas en nom commun. Celle-là seulement paraît et s'oblige ; il n'y a donc pas vraiment société, confusion de la pro-

1. Co. 47 s.
2. Pardessus, IV, n° 1046.
3. Molinier, I, 575 s. ; Bravard Soc., 221 s.

priété des mises ; tout est individuel, et par conséquent il n'existe pas de personne morale [1].

SOCIÉTÉS CIVILES.

Nous arrivons aux diverses institutions juridiques dont la personnalité morale est plus ou moins mise discussion. La question des sociétés civiles présente des difficultés complexes.

Et d'abord, abstraction faite de toute la loi positive, il nous semblerait désirable que la qualité de personne morale fût reconnue à toutes les sociétés. Créées en effet dans le but de réaliser des bénéfices, elles apprécieraient une institution qui relève considérablement leur crédit et donne à la direction des affaires une grande liberté d'action et une plus grande puissance. Le fait notamment, que les biens d'une personne morale ne peuvent être poursuivis par les créanciers personnels des associés, est de nature à augmenter beaucoup la confiance des tiers, et à rendre la société indépendante des fluctuations de fortune de ses membres.

Autre est la question, de savoir si le Code civil a réellement admis un principe aussi avancé, et, pour notre compte, nous ne pouvons l'admettre, du moins pour ce qui concerne les sociétés civiles ordinaires. La base de l'attribution de la personnalité aux sociétés se trouve en effet dans l'article 529 du Code, et il est en réalité fort difficile de reconnaître les sociétés civiles dans les expressions qu'emploie cet article et

1. Delamarre et Poitevin, II, 245. Cass. 29 Juill. 1863 ; 13 Avril 1864. — Contra, Championnière et Rigaud, IV, 3687.

dans les travaux préparatoires de la loi. Une société universelle de tous biens présents, une association entre plusieurs vignerons pour vendre leurs vins, ne sont guère des « compagnies de finance, de commerce ou d'industrie. » Une pareille solution est d'autant plus à rejeter que le Titre des sociétés reproduit assez exactement les principes du droit romain et de l'ancien droit sur la matière. Or aucune de ces deux législations ne conférait à la société le caractère de personne morale [1].

On a cité dans l'opinion contraire un certain nombre d'articles qui séparent avec soin l'intérêt de la société et l'intérêt de l'un ou de l'autre des associés [2]. Il n'y a rien là que de très-naturel, sans qu'il faille pour cela arriver à la personnalité : dans une communauté comme dans une société, l'intérêt des communistes dans leur ensemble peut être opposé à celui de l'un d'entre eux.

D'autres textes, qui défendent à l'un des associés d'aliéner, etc., s'expliquent par ce principe que les sociétaires ne doivent point employer les fonds de la société d'une façon qui puisse lui être préjudiciable [3].

La loi du 21 avril 1810, sur les mines, déclare formellement : d'un côté, que l'exploitation des mines n'est pas un acte de commerce; et de l'autre, que «des actions ou intérêts dans une société ou entreprise pour l'exploitation des mines seront réputés meubles, conformément à l'art. 529 du Code civil. » Cette

1. Cf. Pothier, Sociétés, 120.
2. Ch. III, 1re section.
1. 1860, 1849, 1859 20.

disposition est motivée à notre avis, par le caractère des compagnies des mines, qui rentrent ordinairement dans la seconde espèce de sociétés civiles, dont nous allons parler tout à l'heure. Il est certain que si la personnalité était la règle générale des sociétés civiles, la disposition de l'art. 8, L. 1810 serait parfaitement inutile.

D'un autre côté, l'art. 69 Pr. ne permet d'assigner à leur siége social que les sociétés de commerce. On en peut bien conclure que les sociétés civiles n'ont pas de domicile judiciaire, et aussi, qu'elles ne peuvent être assignées en la personne de leurs administrateurs, mais que les noms de tous les membres doivent figurer dans la procédure [1].

La communauté entre époux ne doit dès-lors pas non plus être considérée comme une personne morale. Elle suit du reste ses règles spéciales.

Mais la société civile telle que la dépeignent les articles 1832 à 1873, est fort peu pratique, et peu employée dès qu'il s'agit d'une entreprise quelque peu importante. Les formes des diverses sociétés de commerce sont bien plus adaptées au mouvement moderne des capitaux ; et la société anonyme, par exemple, se produit bien souvent pour des exploitations de nature purement civile. Cette application des règles du Code de commerce aux matières civiles est certainement licite ; mais il y a lieu de se demander si une pareille société devient par là commerciale, et si elle acquiert la personnalité morale. A la première ques-

1. Cass. 21 Juillet 1854. S. 54, 1, 489, Demante ; Valette. — Contra, Duranton, Bravard.

tion nous répondrons avec Troplong que c'est le fond, et non la forme, qui constitue la commercialité d'un acte. Pour la seconde, nous nous rangeons de l'avis de MM. Aubry et Rau, d'après lesquels ce genre de sociétés rentre complètement dans le cas prévu par l'art. 529. L'art 8 de la loi sur les mines ne serait qu'une application de ce principe[2].

Quant au système de M. Demolombe, d'après lequel serait personne morale toute société civile, « qui a un siége fixe, où se trouve son domicile, » nous pensons qu'il ne repose sur aucun fondement solide[3].

S'il y a discussion sur le point de savoir si une société civile ordinaire est une personne morale, il n'y en a aucune relativement à l'union des créanciers dans une faillite. Ici en effet il n'y a ni société, ni même communauté ; mais simplement un droit d'administration et de disposition des plus larges, établi par la loi.

Les corps politiques, judiciaires, ou administratifs ne doivent pas être considérés non plus comme des personnes morales. Le but de leur existence est complètement indépendant des relations de droit privé. C'est uniquement dans un but relatif au droit public qu'ils sont des institutions d'utilité publique. Ainsi nos conseils municipaux, successeurs des malheureuses curies romaines, ne sont pas comme elles des personnes juridiques.

1. Société, I n°s 333 s.

2. Aub. et Rau, III, p. 66, note 1.

3. Dist. des biens, I, n° 415. — Cf. Delangle, Soc. comm., I 34; De Neyremand, Rev. crit. 1862, XXI, 325; Vincens, Lég. comm., I 345. — Cass. 30 août 1859; Douai, 17 déc. 1842, Sir. 42, 2, 81. — Colmar, 26 avril, 1861, Rec. des arrêts de la Cour de Colmar, LVII, p. 129.

UNIVERSALITÉS DE CHOSES.

Il existe en droit français comme en droit romain des *universitates rerum*, dont le caractère a, dans des cas donnés, une certaine importance.

Le patrimoine d'une personne constitue une universalité dont la valeur et la composition peuvent varier à l'infini, mais qui reste toujours la même comme ensemble. Ainsi le gage général que la loi donne aux créanciers, porte successivement sur tous les objets qui entrent dans le patrimoine du débiteur, et se détache de ceux qui en sortent. Il y a véritable subrogation.

Le patrimoine peut se présenter dans différentes situations ; ainsi les biens d'un absent, remis provisoirement à ses héritiers présomptifs, les biens d'un pupille confiés à son tuteur ne constituent pas des universalités d'une nature particulière, mais bien une forme particulière du patrimoine. Les biens se subrogent les uns aux autres comme les membres d'une société anonyme se remplacent les uns par les autres.

La réunion, la communauté de plusieurs patrimoines ou de plusieurs biens forme aussi jusqu'à un certain point une *universitas*.

Mais l'universalité la plus intéressante est sans contredit l'hérédité vacante, au sujet de laquelle nous avons déjà vu en droit romain une sérieuse discussion. Nous avons admis qu'elle doit être considérée comme un être juridique, et non pas seulement comme une universitas rerum. Il nous semble que même en droit français il faut donner une solution analogue. Sans doute le principe d'après lequel la succession est acquise à l'héritier du jour de la mort du de cujus, (le mort saisit le vif son hoir le plus proche habile à succéder), paraît restreindre singulièrement la portée de la personnalisation; mais cependant il est difficile d'expliquer autrement la position d'une succession vacante. Il faut qu'en définitive les biens de la succession appartiennent provisoirement à quelqu'un; autrement ils seraient immédiatement dévolus à l'Etat comme biens sans maître, en vertu de l'art. 713 C. Et qu'on ne réponde pas que la succession a toujours un maître; que seulement ce maître est inconnu; ce serait une erreur, car pendant l'incertitude, la succession agit en son propre nom, et non pas au nom d'un héritier étranger. Personne en effet ne songera à attaquer par la voie de cassation un jugement rendu au bénéfice d'une succession vacante, par le motif que l'héritier qui s'est fait connaître depuis était étranger, et que le tribunal chargé de statuer a refusé d'exiger la caution *judicatum solvi*. Et, d'un autre côté, il est fort possible qu'il ne se présente jamais aucun héritier, pas même l'Etat; ainsi au cas de faillite. Et cependant la nomination d'un curateur à succession vacante peut être nécessaire.

Certaines *universitates rerum* ont un caractère beaucoup plus restreint que le patrimoine; l'existence d'un ensemble moral y a de l'importance, soit à l'égard du propriétaire lui-même, soit à l'égard des tiers.

Ainsi une maison avec les immeubles par destination qui y sont attachés, un *fundus instructus*, un troupeau, une fabrique outillée sont des *universitates rerum*. De même un fonds de commerce. Mais le plus souvent, cette qualité dépend complètement de l'intention des parties, elle existe ou disparaît suivant le point de vue auquel on se place. Dans tous les cas il n'y a pas là de personne morale.

VIII. MORT DES PERSONNES MORALES.

CAUSES DE LEUR MORT.

1° Lorsqu'une personne morale n'a été constituée que pour un certain temps, ou pour atteindre un certain but, elle cesse d'exister au moment où ce but est définitivement atteint, ou au terme fixé. Ainsi une fondation instituée pour la construction d'un édifice public; une société, voient se terminer leur existence juridique par la *consommatio negotii.*

2° L'autorité qui a donné la vie à une personne morale a toujours le droit de la faire de nouveau disparaître. Ainsi, un établissement donné, comme une classe de corporations, peuvent toujours être dépouillés de la personnalité, sauf bien entendu le respect des droits acquis. Et le changement des conditions politiques ou gouvernementales peut fréquemment rendre nécessaire une décision de ce genre.

Non seulement cela est possible, mais l'intervention de l'Etat est indispensable dans l'ordre du droit public. Ainsi il ne viendra à l'esprit de personne de penser que les habitants d'une commune, par exemple, aient le le droit de supprimer d'eux-mêmes l'existence juridique de leur commune. Et il n'en faut pas chercher la raison uniquement dans des motifs d'ordre public et de bonne administration. Même au point de vue du droit pur, la personne morale, qui a une existence indépendante de celle de ses membres, ne peut se dissoudre par l'effet de leur seule volonté. Il faut la permission du souverain. Il en est autrement, bien entendu, pour les sociétés, qui sont autorisées en masse, et qui, par conséquent, peuvent se dissoudre, comme se fonder, sans autorisation spéciale.

On indique ordinairement comme une cause de mort pour les personnes morales, la disparition de tous les sociétaires. Tant qu'il en existe encore un, les auteurs sont généralement d'accord pour admettre que l'être juridique existe toujours, représenté par ce dernier membre.[1] Ainsi le dernier habitant d'une section de commune jouit des droits d'usage afférents à la section, comme habitant et nullement comme propriétaire, de façon que si un étranger vient s'établir sur le territoire, il sera obligé de lui en céder une part. Le dernier représentant d'une congrégation religieuse autorisée peut être en pleine déconfiture sans que le patrimoine de son ordre cesse d'être dans l'état le plus prospère.[2] — Mais lorsque tous les membres d'une corporation ont péri, la question devient plus délicate, et l'on décide généralement qu'une corporation ne pouvant exister sans membres, la personne morale a péri avec eux.[3] Nous pensons avec Savigny[4], que l'être juridique a un caractère plus immatériel, et que son existence ne dépend pas de celle des membres. Ainsi, quand une commune se trouve dépeuplée par une épidémie, nous pensons que la personne morale

1. L. 7, D. Quod cujo. 3, 4. — Savigny, Syst. § 89, note 6.
2. Serrigny, I. 215. Aucoc. Sect. de Comm., l. c.
3. Pfeiffer, Die Lehre der jurist. Person, § 40.
4. § 89.

n'est pas annullée de plein droit, quoiqu'elle puisse certainement être anéantie par l'autorité souveraine. Quand il y a un but d'intérêt public à atteindre, c'est ce but qui est en réalité personnifié, et non l'association qui sert de substratum. Nous pensons donc que si de nouveaux habitants viennent s'établir dans la commune avant que l'État en ait prononcé la suppression, l'ancienne commune reprendra sa vie antérieure, dans les mêmes conditions qu'auparavant. Dans l'intervalle, les biens pourront très-bien être administrés par un curateur.

De même qu'on a voulu faire de la disparition des membres une cause de dissolution pour les corporations, de même on a prétendu que les fondations périssaient par la disparition de ce qu'on a appelé leur substratum matériel, par la perte de leur patrimoine. Pour nous qui admettons qu'on peut même créer une fondation sans patrimoine, la question ne saurait offrir de difficulté. Si la fondation a perdu des biens à un moment donné, elle peut en acquérir plus tard. Une personne physique n'est pas frappée de mort civile, si à un moment donné son actif dépasse son passif. Ainsi nous admettrons qu'un hôpital peut tomber en déconfiture sans perdre pour cela son existence, comme aussi la jurisprudence décide qu'une société commerciale n'est pas nécessairement dissoute par le fait de sa faillite.

La même solution nous semble devoir être donnée pour le cas où le but de la fondation ou de la corporation disparaît, de façon à ce qu'il soit à tout jamais impossible de l'atteindre. La décision sur cette question doit appartenir à l'autorité supérieure, qui appréciera si réellement il y a lieu à suppression.

3° Les personnes morales basées sur des sociétés disparaissent avec ces sociétés elles-mêmes. Les causes de dissolution des sociétés sont, outre le terme et la *consommatio negotii*[1] : l'extinction de la chose, c'est-à-dire en réalité la disparition du but ; la perte d'un apport promis ; la mort, l'interdiction, la déconfiture, la faillite de l'un des associés, mais seulement dans les sociétés de personnes ; enfin, dans la même hypothèse, la retraite de l'un des associés ; et dans toute société, le consentement de tous.

EFFETS.

Au moment de la dissolution, l'être moral cesse d'exister, et ne peut plus, comme tel, acquérir, agir en justice, spéculer, etc. Cependant, sous certains rapports, il faut qu'on le considère comme encore existant. Le travail de la liquidation serait à peu près impossible sans cette continuation fictive de la personnalité morale. Mais il n'en est ainsi que dans les limites de la liquidation ; et les liquidateurs ne pourraient entreprendre au nom de la société des opérations nouvelles. — Nous ne voyons du reste aucun obstacle à ce que les principes admis à cet égard pour la liquidation des sociétés commerciales, soient étendus à toute personne morale quelconque.

La seule question qui nous reste à examiner est celle de savoir à qui sont attribués les biens, droits et

1. 1865, 1, 12.

actions de la personne morale décédée. Il y a à cet égard plusieurs hypothèses à examiner.

Lorsque, soit expressément, soit tacitement, le contrat originaire stipule, pour le moment de la dissolution, la distribution de la masse entre les membres de l'association, il y a évidemment lieu de suivre la convention. Il n'y a pas, en ce cas, succession, mais bien exécution d'un contrat à titre onéreux formé dans le principe entre les associés. De même qu'ils ont cédé à la personne morale la propriété ou la jouissance de leurs apports, contre la remise des bénéfices à espérer ; de même ils reprennent leurs apports, ou leur part du fonds social, en renonçant au droit de réclamer désormais des bénéfices. Mais nous n'avons pas à parler ici de la liquidation et du partage en matière de sociétés.

Mais que dire du cas où il n'y a pas de contrat originaire, et où par conséquent rien n'est réglé sur la destinée des biens appartenant à la personne morale ?

En principe, ils appartiennent à l'Etat comme dernier successeur irrégulier. En effet, il ne peut y avoir aucun héritier du sang, et, en l'absence de toute vocation successorale établie par des lois spéciales, l'Etat seul peut se présenter à la succession. Nous pensons en conséquence qu'en cas de suppression d'une commune ou d'une section de commune, les biens ne sont ni remis à une autre circonscription administrative quelconque, ni donnés aux communes voisines, ni distribués entre les habitants, mais attribués à l'Etat, qui peut du reste en disposer comme il l'entend. Les divergences qui existent entre les auteurs qui n'admettent point cette décision semblent bien montrer que, de toute autre part, il n'y a pas vocation héréditaire fondée sur une base sérieuse. M. Aucoc, s'appuyant sur l'ancienne jurisprudence, va même jusqu'à décider que dans le cas où une section de commune est devenue complétement inhabitée, ce qui, d'après lui, entraîne la mort de la personne morale, ses biens doivent être distribués en vertu d'une sorte d'accession entre les fonds situés dans l'ancien territoire de la section[1]. De même, nous ne pouvons admettre que les biens d'un ordre religieux supprimé doivent être distribués entre les membres de cet ordre existant au moment de la dissolution. De quels droits pourraient-ils prétendre à ces biens? Ce ne serait assurément ni comme héritiers ni comme copropriétaires. Mais il est certain que ceux d'entre eux qui auraient versé une dot en entrant dans l'ordre, auraient le droit de la redemander en se basant sur la non-exécution des conditions stipulées. Et quoique cette non-exécution par l'ordre soit amenée par force majeure, il y aurait lieu pour l'Etat de restituer les sommes ou les biens versés[2].

Au lieu de demander la révocation du contrat, les membres de la communauté supprimée pourraient aussi en demander l'exécution dans les limites où cette exécution est possible, c'est-à-dire qu'ils pourraient exiger de l'Etat une pension alimentaire. Nos lois révolutionnaires, tant attaquées, ont parfaitement reconnu ce principe, qui est de droit autant que

1. Aucoc, Sect. de comm., l. c. ; — Chabrol, Cout. d'Auvergne, III, 549.
2. 1184 ; 953 ; 956 C.

d'équité. Les lois des 13 Février 1790 et 8-14 Octobre de la même année, en supprimant les ordres religieux, donnent aux moines qui ne voudront pas profiter de la liberté qui leur est accordée, des maisons conventuelles et des pensions alimentaires[1].

En général, du reste, l'Etat ne peut se saisir des biens d'une corporation ou d'une fondation, que sauf les droits acquis aux tiers, quels qu'ils soient, membres ou non de l'association. *Bona non sunt nisi deducto œre alieno*. Et doivent être considérées comme dettes dans ce sens, toutes les prestations quelles qu'elles soient, même quand l'intérêt des tiers n'est que moral. Ainsi les fondations pieuses doivent être exécutées, même quand elles sont instituées au profit de bénéficiaires incertains. Nous pensons donc que le bureau de bienfaisance d'une commune, ou un hospice survivant pourraient réclamer à l'Etat le capital donné à un hospice supprimé pour l'entretien d'un lit.

Quand les biens de la corporation ou de la fondation supprimées n'ont qu'une destination générale et indéterminée, l'Etat est seulement tenu moralement à en faire un emploi correspondant aux intentions des fondateurs et au but de l'établissement disparu. En fait, ordinairement, l'acte de suppression attribue les biens à un établissement analogue.

1. L. 13 Fév. 1790. art. 2; Déc. 8-14 Oct. 1790, art. 12-24; 35, 11.

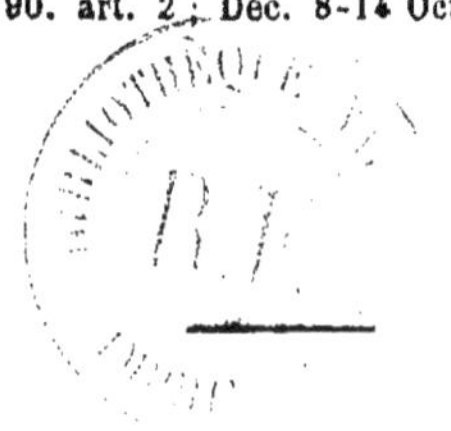

www.ingramcontent.com/pod-product-compliance
Ingram Content Group UK Ltd.
Pitfield, Milton Keynes, MK11 3LW, UK
UKHW021057230726
13926UKWH00004B/1908